本书由"北京语言大学出版基金"资助出版

基于空间认知的构词法研究

赵 果 著

科学出版社

北 京

内 容 简 介

从语汇、语音、文字跨层级关联的角度看，单字和韵律词都是现代汉语的词汇单位。本书用词的概念整合网络理论来解释这两级词汇单位之间的语义关联，提出双音词的词义具有从经验中浮现的原生性，双音词的词义利用单字字义中的元素和具有拓扑性的空间图式来建构。两个字组合成双音词时，能够建立对应物关系的元素或不能够建立对应物关系的图式，投射到混成空间，通过元素合并、募集背景知识并进行推理，产生新的意义。结构主义构词法依据元素间的对应物关系提出复合词的结构关系，而对不一定存在对应物的图式未加注意。本书以双音韵律词为语料，为汉语中融合了路径、背景、图形的方式动词提出了分析框架。

图书在版编目(CIP)数据

基于空间认知的构词法研究 / 赵果著. —北京：科学出版社，2017.5
ISBN 978-7-03-052856-8

Ⅰ. ①基⋯ Ⅱ. ①赵⋯ Ⅲ. ①构词法–研究 Ⅳ. ①H041

中国版本图书馆 CIP 数据核字(2017)第 087768 号

责任编辑：王洪秀 / 责任校对：王晓茜
责任印制：张欣秀 / 封面设计：铭轩堂

科 学 出 版 社 出版
北京东黄城根北街 16 号
邮政编码：100717
http://www.sciencep.com

北京虎彩文化传播有限公司 印刷
科学出版社发行 各地新华书店经销
*
2017 年 5 月第 一 版 开本：B5(720×1000)
2018 年 8 月第四次印刷 印张：8 1/4
字数：150 000
定价：88.00 元
(如有印装质量问题，我社负责调换)

序　言

　　2006 年赵果通过博士学位论文答辩，又经十年 19 次大大小小的修改，结成这部心血之作——《基于空间认知的构词法研究》。该作视角新、材料多，相信能给学界带来一些启发。

　　在赵果攻读博士期间，我也正在做一些现代汉语构词法的研究。我主要是以为汉语信息处理服务的一些大型"词库"的条目为语料，研究汉语两字组（包括汉语学界说的"词"和"词组"）的语法、语义构成规律，发现了一些汉语学界没有提到过的规律（见《基于单字的现代汉语词法研究》，王洪君，商务印书馆，2011）。这些词库的条目比汉语母语者通常使用的词典多得多，比如宋柔先生主持开发的《两字结构库》除纸本中型词典所录条目之外还从 2 亿字真实文本中撷取了 8 万多个两字组，孙茂松先生主持开发的《现代汉语信息处理用分词词表》从 8 亿字中采集了出现频率超过 23 次的约 15 万个常用分词单位，而那些在为母语者使用的中型词典中出现的不少条目由于在当代文本中的使用频率不高而落选。赵果赞同我的这种"淡化词与词组的区别，从一音节一义的单字入手分析汉语两字/三字组合之规律"的"字本位"[①]思路，但她着重思考的问题从一开始就跟我不完全相同。如前所述，我的研究是基于大规模语料中实际出现的两字三字组来描写并分析单字已出现的组配规律，而赵果跟我谈话时总念念不忘的是：

---

　　① 这里的"字"是指徐通锵先生所说的"形音义三位一体的单位"。我曾进一步把"字"定义为汉语中语音、文字、语法等不同层面上的单位——音系中的音节、文字中的方块汉字、语法中的一个音节一语汇义结合体——交会点，"字"是将汉语文大系统的语音、文字、语法等不同层面关联起来的中枢性的基础单位。

"如果所有字都可以两两搭配或三三搭配，那么语料中出现过的两字组或三字组应该很多很多，但实际出现的数量却大大少于这个'应该'的数量，这是为什么？"

当时我对她的这一关注并不能很好地理解，总觉得现实生活中的各种事物原本就是有的常用、有的不常用，语言是表达现实生活的，作为汉语中最小音义结合体之表达形式的单字，当然也就有的常用、有的不常用甚至基本不用。但赵果始终没有放弃对这个问题的探讨，这成就了她自己独特的研究路径。

本书有诸多亮点，对我来说，最具启发性的是对字词关系的论述，特别是以下几点。

双音词义具有从经验中浮现的原生性——创造新词源于经验世界的需要。新事物、新现象不断产生，开始人们会用若干句子或词组来认识它们，当它们在社会生活中出现频率增加，这些认识就会浓缩为新的"概念"。也就是说，是经验世界新生、浮现出的新概念促使人们从旧有的字和构词规则中选择材料来固化它们。创造新词不是拼字游戏，词义不是拼合字义后浮现的，而是应经验世界的要求而浮现的。

单字义和双音词义辗转相生是赵金铭先生提出的，本书利用概念整合网络的模型做出了更加显豁的说明。在汉语词汇学界，一个语汇义（a lexeme）应该是一个单字义还是一个义项呢，颇有争议。而该书的研究表明，单字义的新义项是在运用中，特别是在通过概念整合网络创造双音词时的"单字义的部分投射"和"单字义的扩展（如隐喻或转喻）"而产生，成为双音词义的一部分；随后，在双音词中扩展出来的这些意义，通过双音词使用频率的增加而逐渐稳定并固定到单字义中。再之后，这些固定到单字中的新意义，也即单字新的义项，又可以用来构造新的双音词，在概念整合网络中，新的双音词又可以新生出新的单字扩展义……总之，字的总量很少，在个人的心理词典中字义有一个成长的过程，随着由某个字构成的词、造出的句的增加，该字的意义也在不断丰富。通过本书的研究，我们可以初步肯定，"一个语汇义"应该是一个单字义，而单字的多个义项是单字义的下位变体。

　　单字和双音词分别表达单字概念和复合概念。作者提出字词都是表达概念的，单字表达的概念是单字概念，双音复合词表达的概念是复合概念。于是，字词的语义关系就转化成了单字概念和复合概念之间的关系。复合概念可能是一个过去被创造但现在已经成为规约性的概念，也可能是一个刚刚被创造的新概念。汉语的单字概念和大多数多音复合概念都储存在汉语者的心理词典中。

　　此外，如下几点也很重要：①该书利用信息处理用分词词表，得到了大量在真实语料中有较多出现频率的两字组配，并可返回更大规模的真实文本库查找这些双音组配在文本中的出现语境，为确定和研究双音组配中单字义提供了可靠的基础。②该书首次提出，包含具体动作路径的动作性单字和具有空间位置要素的名物性单字，均可以用 Talmy 空间图式理论来刻画其语义内涵；在概念整合网络的基础上，兼用 Talmy 的空间图式，对"走/跑/跳/跨/出（腿部动作）//担（dān）/钉（dìng）/掏/扼/盛（chéng）/搅（jiǎo）/扳/授/剖/刨/搪[1]/拧/端[3]/炸（zhá）/埋（手部动作）//答/吐（tù）/喂[1]/咽（yàn）（口部动作）溺、溯（全身动作）"等动作性单字和"心/口/头/皮/腿/腰/背/耳/脖/翅/嘴/脚/眼/尾/根/果/枝/叶"和"房/池/井/城"等名物性单字在两字组配中所表现出的空间要素进行了详细的分析，找出了作为各单字字义基础的、恒定的空间要素（具有区别字义功能的各个动作性单字独特的移动路径和移动方式、"心类"各个名物性单字在整体-部分图式中的位置和"房"类各个单字的容器图式的特点）及其空间要素恒定的拓扑结构。其中，该书对频率超高、义项很多、分析难度极大的"出"，分析是很不容易的。③该书揭示出了两单字的概念整合可区分为"互为框架""单边框架"等不同大类。④该书讨论了语义场、义类与语义层级在两字义概念整合中的作用。

　　赵果多年来从事对外汉语教学工作，很希望自己的研究能够帮助外国留学生尽快掌握较多的汉语常用词汇。但是，理论研究有好的成果不等于教学有好的效果。对外国留学生直接讲解概念整合网络或空间图式恐怕不太可行，如何设计专门的练习帮助他们在已经积累的字词基础上自动"浮现出"汉语的概念整合网络，还需要进一步细致思考和反复实际尝试。

爬过一坡又一坡，我又有了新的期待！

王洪君

2017 年 5 月于承泽园

前　言

空间认知不仅是认知语言学、心理语言学、脑科学、地理学、物理学、哲学等学科的重要研究内容之一，也是这些学科的交会点之一。空间认知在汉语中不仅体现在句法上，还体现在构词法上。本书是基于空间认知的构词法研究。

在新事物、新产品、新现象、新概念层出不穷的当代社会，汉语创造了大量的新的复合词以满足社会发展的需要。但是创造新词所用的语言材料是旧有的、固有的，其数量是封闭有限的、意义是基本稳定的。无论是几音节词，都可以层层分析，最后分析到一个稳定的单音节的音形义结合体。这些稳定的单音节的音形义结合体，在传统语言学中称为"字"，在强调截然区分语汇、语音、文字等语言各层面的结构主义语言学中称为"语素"，在强调语言的语汇、语音、文字层面如何互相关联的理论体系中也称为"字"。"称做'语素'，着眼点是它在'最小的音义结合体'这一点上与英语的 morpheme 相同。称做'字'，着眼点则是它是关联语汇、语音、文字三个层面的跨层单位，这与英语跨三层关联的 word 的情况相同。"（王洪君，2008）本书从跨层级关联的角度出发，将这一级语言小单位称为"字"。

本书所研究的复合词，也不同于结构主义理论体系中的复合词，而是结合了语法和韵律表现的双音节复合式韵律词（冯胜利，1996；王洪君，2000b），也就是粘合式二字组，也是符合王洪君（2008）"标准词"定义中的双音节词，本书称为"双音词"或"词"。对于词义，本书采取了认知语言学的语义建构的观点，即词义具有从经验中浮现的原生性，词义是利用字义来建构的，词义大于成分义和结构义之和。词义是理据性和约定性的统一。本书的语义建构模型来自 Fauconnier 和 Turner（1998）的概念整合理论。

现代汉语中，字作为双音词的构词材料，总体数量是一定的，每个字的意义也都是按照一定逻辑在一定范围内引申的。这意味着词义建构时所能利用的字义也是有限的。因此，对字义的研究是弄清词义如何建构的第一步。

遵循维特根斯坦的"意义即使用"的思想，通过对字的全部组合的分析可以发现字义中的内容，比如，"须根、直根、块根、盘根、球根"这些用法表明"'根'有空间形状"，"翠竹，绿竹，墨竹，黑竹，青竹，紫竹，棕竹"这些用法表明"'竹'（是）有颜色（的植物）"，我们把"'根'有空间形状""'竹'（是）有颜色（的植物）"等称为"元素"。其中，"'根'有空间形状"与空间认知有关，称为空间元素。

元素都是和其他元素互相依赖的。有的元素要和其他单字中的元素互相依赖。比如，"'根'有空间形状"这样一个元素要和"球"这个字中的"'球'是一种空间形状"这类元素互相依赖。而有的元素则和同一个单字内另一个元素互相依赖。比如，"'根'是植物的一部分（位于植物的下部）"，"部分"是一个元素，和它互相依赖的元素是"整体"，而这个元素已经隐含在"根"这个概念中。所以"根"这个概念中存在一对互相依赖的元素——"部分-整体"，在"根"这个字里面，两个元素形成稳定的空间结构关系，这就是空间图式。

有些单字的字义中有空间图式。在名物性单字中，身体义场、植物义场中表示具体部位的单字"心、口、头、皮、腿、腰、背、耳、脖、翅、嘴、脚、眼、尾、根、果、枝、叶"等所表达的特定的空间结构关系，也可以用于其他无生命的义场，如"床头、江心"等。建筑类单字的"房、池、井、城"等所表达的特定的空间结构关系，也可以用于其他义场，如"心房、乐池"等。虽然义场变化了，但是结构关系不变。认知语言学家 Talmy（2000）提出的"图形（figure，或译主体）-背景（ground）"的场景切分可以对上述两组单字进行统一的解释。"心、口、头"一类单字表示部位，在场景切分中属于"图形"，它们所依赖的整体属于"背景"，这部分单字是用"图形"代表了整个的场景。"房、池、井、城"一类单字表示容器，在场景切分中属于"背景"，它们所盛装的物体属于"图形"，这部分单字是用"背景"代表了整个的场景。"心、口、头"一类单字是位置图式单字，"房、池、井、城"一类单字是容器图式单字。在语义引申中，"图形"和"背景"可以投射为其他认知域的事物，发生隐喻，而结构关系保持不变，即隐喻中的关系恒定性，"图形"和"背景"的空间结构关系是这一语义引申的基础。

　　场景切分也可以应用于表示具体动作的单字的字义分析。一个场景中总有"图形"，即位移主体，比如"走"，位移主体是"人"，"走"总是在一定的环境中进行的，这个环境可以称为"背景"，如"走街串巷"。"走"也总是有起点和终点的，"走"的方向是从起点到终点。"走""跑"是从起点到终点的路径图式，"跳"是从起点经过最高点（或某一点）的路径图式，"跨"是同时关联起点和终点的路径图式，"出"是融合了容器图式的路径图式。图式中的图形、背景、起点、终点、方向等，按照特定的空间组织在一起形成了动作性单字的空间图式。图形、背景、起点、终点等投射为其他认知域的事物时，隐喻就发生了。其中的关系不变，也是以"图形"和"背景"的动态空间结构关系为基础的。

　　空间图式中，"图形"和"背景"的相对的静态（名物性单字）或动态（动作性单字）关系不变，这就是空间图式的拓扑性，空间图式是拓扑结构。拓扑结构在认知中具有组织功能。

　　字义能够为词义的建构提供空间元素和空间图式，图式也就是结构、关系。在此基础上，我们讨论词义如何利用字义来建构。首先是在字义间建立对应物关系并确立词义的框架。"'根'有空间形状"和"'球'是一种空间形状"这样的空间元素可以建立对应物关系，并且以它们的互相依赖关系作为"球根"这个词的框架。"楼"作为地点，可以跟"跳"的空间图式中的"起点"建立对应物关系。"跳"的路径，没有对应物，但是路径是一种关系，可以作为"跳楼"这个词的框架。"球根"这样的词，其语义框架由两个单字共同提供，即互为框架。"跳楼"这样的词，其语义框架由"跳"的空间图式提供，即为单边框架。

　　互为框架的对应物关系受字义的义类和概念层级的制约，空间修饰语"大/小"可以跟不同义场的中心语组合，但是跟基本层次范畴的单字组合更常见（如"小鸟"），一般不和下义层次范畴的单字组合（一般不说"*大鸥""*小鸥"）。表示"空间位置/产地/来源"的修饰语，可以跟不同义场、不同层次范畴的单字组合（如"海鸟""海鸥"）。"大/小"是通过比较后才能得出的，因此一般只和基本层次范畴的单字组合。而"空间位置/产地/来源"是无需比较的，也是物体比较普遍的属性，因而具有跨层级的普遍性。

　　单边框架的对应物关系，可以是一对一，如"跨海"，"海"对应"跨"空间图式中的"背景"元素；也可以是一对多，如"跨国"，"国"要分为"国$_1$""国$_2$"，分别与"跨"的"起点"元素、"终点"元素相对应。各元素可以是空间域，也可以是其他认知域，"跨"的空间图式中的"图形"即主体本来是人，但也可以投射到其他认知域，如"（跨国）公司"。而由路径所表达的元素之间的关系是不变的。这是空间图式拓扑性的体现，是拓扑结构在认知中组织功能的体现。

　　当词从字中抽取了具有对应物关系的元素或没有对应物的关系以后，具有对应物关系的元素合并为一个新的元素。新元素和关系自动募集背景知识，新的意义浮现并具有自组织性。比如，"跳楼"在"某某跳楼了"中有"自杀"的意思。但是这个意思既不来自"跳"，不来自"楼"，也不来自结构关系（动宾式），而是来自背景知识及在此基础上的推理。当对应物关系改变或背景知识改变时，浮现意义也会发生变化。比如，脑筋急转弯和相声《祖爷爷的烦恼》中的"跳楼"都没有"自杀"的意思。前者把"跳"的起点和终点的对应物改为"某一层的窗台和地面"，后者把背景知识改为"携带降落伞"。元素、关系、对应物关系及它们所唤起的浮现结构及推理，共同构成了概念整合网络，完成了词义的建构。但是语言社团中词义有约定性，对应物关系和推理方式也不会轻易改变。

　　近些年来，汉语空间位移事件的研究引起了学界的很多关注，尤其是动词的词化类型引起了很多争论。Talmy（2000）认为汉语是附加语构架语言，沈家煊（2003）提出汉语不是典型的"附加语构架语言"。
Slobin（2004）认为汉语是均等构架语言。柯理思（2016）提出汉语中
存在融合了路径、方式和处所参照等语义要素的动词，比如"还（huán）"
融合了路径和方式，"掏、捞"等融合了路径、方式和处所参照等语义
要素。本书以动宾式二字组为语料对"走、跑、跳、跨"的空间图式的
研究表明，一般被认为方式动词的"走、跑、跳、跨"也是方式和路径
的融合。"走、跑、跳、跨"是语义引申较丰富的词语。本书又选取了
除本义以外只有一个引申义项的动词①，包括，上肢动作：担（dān）、
钉（dìng）、掏、扼、盛（chéng）、搅（jiǎo）、扳、授、剖、刨、搏¹、
拧、炸（zhá）、埋，口部动作：答、吐（tù）、喂²、咽（yàn），全身动
作：溺、溯。这些动词的引申义和本义的共同点是动作的路径方向一致。
可见，这些动词也是融合了路径、方式等语义要素的动词，有一些还融
合了主体或背景语义要素。其中，有些用法表现在构词中，有些用法表
现在句法中。

　　本书从词义利用字义建构的角度出发，既分析了字义所能为词义建
构提供的空间元素和空间图式，又分析了词义建构中的意义浮现和自组
织性。本书以"图形–背景"的场景切分为出发点，对名物性单字和动
作性单字的空间图式进行了统一的解释。本书以二字组合为材料提出的
动作性单字字义中方式和路径乃至"图形""背景"的融合，为汉语词
化类型研究提供了新材料和新视角。

赵　果
2017 年 2 月 23 日

---

　　① 在《现代汉语词典》（第 6 版）中，字的右肩上的数字是区别形同、音同但意义不同
的条目的标号。全书余同。

目　　录

第1章 绪 论

1.1 语素和字

请看下面三组词：

（1）a 平房
b 蜂房
（2）a 出门
b 出场
（3）a 头部
b 头车

这三组词都与空间认知有关。有的与物体的空间形状有关，如"平房"。有的与物体的空间位置有关，如"头部、头车"。有的与物体的空间结构有关，如"蜂房、出门、出场"。对于其中的构词成分"平、蜂、房、出、门、场、头、部"，在主张截然区分语言的语汇、语音、文字各层面的结构主义理论中称为"语素"，在强调语言的语汇、语音、文字层面如何互相关联的理论体系中称为"字"。结构主义的"语素"与英语的 morpheme 相对应，结构关联中的"字"则与英语中同样处在语汇、语音、文字层面交会点的 word 相对应（王洪君，2008）。"语素"和"字"的理论地位不同。

在结构主义理论体系中，以能否"自由运用"为标准将语素进一步分析为成词语素和不成词语素。上述各组中的 a、b 两个词都有一个相同的构词成分，即分别为"房、出、头"。它们分属成词语素（自由语素）和不成词语素（黏着语素）。按照《现代汉语词典》（第 6 版）的标注，它们在 a 中属于词，在 b 中属于不成词语素。《现代汉语词典》凡例中说明，"本词典在区分词与非词的基础上给单字条目、多字条目标注词类"，"单字条目在现代汉语中成词的标注词类，不成词的语素和非语素字不做任何标注"。"平房"中的"房"意思是"房子"，标注为名词；"蜂房"中的"房"意思是"结构和作用像房子的东西"，未做标注，是不成词的语素。"头部"的"头"是"人身最上部或动物最前部长着口、鼻、眼等器官的部分"，标注为名词；"头车"的"头"意思是"领头的；次序居先的"，未做标注，是不成词的语素。"出门"中的"出"意思是"从里面到外面"，标注为动词；"出场"中的"出"，意思是"来到"，未做标注，是不成词的语素。但是，转义跟自由和黏着是没有特定关联的。比如，"出"的另一个转义义项"往外拿"（如"出钱"中的"出"）就是动词。因此，自由和黏着在形式上的区分，并不是语义研究的合适起点。

另外，《现代汉语词典》[①] 把"平房"的"房"和"蜂房"的"房"放在一个条目之下，这也表明在母语者心中，二者在意义上的联系比二者在自由和黏着上的区分更重要。无论怎样转义，"出""房""头"的韵律特征、文字形式、语义中的空间图式（详见本书第 4 章）都是保持不变的。本书是从认知语义学角度进行的研究，既考察"平房"一类词，又考察"蜂房"一类词，还考察"房"的意思从"房子"到"结构和作用像房子的东西"的转义过程中的不变因素。因此，本书采用"字"这一术语来指称"平、蜂、房、出、门、场、头、部"这样的构词单位。

本书采取了从跨层级关联的角度来确定语言单位的方法。本书所说的"字"是王洪君（2008）在徐通锵（1997，2007）基础上提出的"语文大系统"中的"字"。本书的研究属于语文大系统中语汇层面的研究。"……语汇字，是'一个有调音节与一个语汇义的结合体'，是音形-意义结合的起点，凡音形-意义可以由其他音义结合体加规则推出的，都不是语汇字。"（王洪君，2008）本书将分别用"字音""字形""字义/单字义"来指称字的语音、文字和意义方面。

---

① 全书采用第 6 版《现代汉语词典》。

1.2　复合词和韵律词

　　汉语的词，语法上没有形态标记、书写形式上没有空格，这使得汉语中对"词"的界定十分困难，长期成为学界讨论的热点。我们从两个方面来梳理已有的研究成果：①单纯从语法、语义层面看复合词；②从语法、语音的层面看韵律词。

1.2.1　从语法、语义层面看复合词

　　经典结构主义对词的定义有两个关键点——"自由运用"和"最小"。凭"自由运用"（单说或单用）来区别词跟语素，凭"最小"来区别词跟词组（叶蜚声和徐通锵，1981/2010）。汉语复合词的主要问题是跟短语的区分问题。最主要的几种方法是扩展法、XP 插入法、凝固度检测法、平行周遍性对比原则、"语义•语法"法、综合法。

1.　扩展法

　　王力（1943）、陆志韦（1957/1964）、赵元任（1968）都提出过"扩展法"，以陆志韦（1957/1964）的讨论最为详尽。扩展法就是从组合的角度来看词的不可分割性，认为在同形的情况下，中间不能插入其他成分的就是词，否则就是短语。其中，引起较大争议的"大树"一类词，比如"大树"可以扩展成"大的树"，所以是短语，而"大车"不是"大的车"。但是，这没有充分考虑到加"的"前后的语法特点的变化。范继淹（1958）、吕叔湘（1979）、朱德熙（1982）都指出过加"的"前后两种结构在句法表现上的差异，即加"的"前的结构中的定语位置上的形容字不能再受副词修饰，不能重叠，定语位置上的名字不能受数量结构修饰，而加"的"后则不受这种限制。因此，吕叔湘（1979）称为"短语词"。朱德熙（1982）称为"粘合式偏正结构"，"粘合式偏正结构的功能相当于一个单个名词"，"粘合式只能以粘合式为成分"。如果我们从内部结合方式和这个结构在更大组合中的表现和功能来看，"大树""木头房子"一类确实和"大车"更

接近，而不是和"大的树""木头的房子"更接近。

　　陈琼瓒（1955）论述过"黑鹅"的语义不同于"黑的鹅"，前者是一种指称，后者是一种描写。张敏（1998）从距离的相似性出发，认为语言中距离的远近和概念中距离的远近是相似的。他提出用"称谓性""分类性""述谓性"三类特征区别三种偏正结构——a"黑鹅"、b"黑的鹅"、c"黑乎乎的鹅"。

　　就结合的紧密程度而言，a<b<c，a 类由于具有称谓性而与 b、c 两类不同，因此 a 类的功能相当于一个名词。张敏（1998）还提出了"汉语复合名词假说"，即汉语里以名词为中心语的构造，若其修饰语是后面不带"的"的名词、区别词、形容词、或动词，则这个构造是一个复合名词。①

　　2. XP 插入法

　　XP 插入法是在转换生成语法"语法的各个范畴是自主的"背景下产生的，认为词是具有原型意义的单位，认为词是一个自主的平面。它和扩展法的相同之处在于，也是从组合角度来看"词的不可分割性"，不过这时的"不可分割"都不是被别的词分割，而是被"词组"分割，词是任何句法操作不能涉及的平面，也就是说词的鉴定可以通过看词内成分能否插入词组或是否允许句法操作来进行。对于偏正式，什么是句法操作比较明确。而对于述宾、述补式，什么是句法规则，它遇到了和扩展法一样的问题。

　　汉语里大部分双音节动宾式结构中间可以插入时体成分、数量成分、后字的修饰语，甚至后字可以提前，因此陆志韦在扩展法之外，又增加了"动不离宾、宾不离动"两条。这时"好像词的不可分割性原则要让步于词的相互依赖性"（吕叔湘，1979）。赵元任（1968）把这种有限的扩展称为"离子化"，并讨论了扩展的层级：不能扩展、动词带后缀或补语、宾语带修饰语、动宾颠倒、在问话或答话中单用。Li 和 Tomposon（1981）的主张基本上和赵元任一致，他们提出哪个动词进行

---

　　① 张敏（1998）认为人称代词直接加名词相当于专名，也可以是复合词。

哪种扩展是没有"普遍原则"的，只能一个词一个词地记。他们还指出大部分 VO 动词后面不再带直接宾语。

对于述宾、述补，什么是句法规则大家的意见不大一致。黄正德（Huang，1984）不同意赵元任（1968）提出的"离子化"的说法，他的根据是句法的"短语结构条件"（phrase structure condition，PSC，就是说汉语里动词后面只能有一个成分）和词法的"词汇完整性假设"（Lexical Integrity Hypothesis，LIH，就是任何句法操作不能作用于词的构成成分）。他首先指出了汉语里大部分动宾、动补复合词亦词亦语的表现，比如，"担心"在"他很担心这件事"里是词，在"他担了三年的心"里是词组；"幽默"在"我常常幽默他"中是词，在"幽了他一默""这种默，你最好不要幽"中是词组。他提出从理论上来讲对这类结构有三种处理方法——双重身份、复合词、有独特意义的词组。他认为第三种处理方法最好，认为陆志韦（1957/1964）、赵元任（1968）所列出的大部分 VO 复合词是词组，如"生气、理发、开刀、睡觉"，因为这些形式后面不能再接宾语、补语、状语，符合短语结构条件，有些词如"关心、注意、出版、提议、得罪"等在句子中间位置时，可接宾语，这是经历了词汇化，符合词汇完整性假设，但词汇化不是强制的。而 Packard（2001）认为，像"理发"这样有限的扩展是词，理由是"一旦是词就永远是词"，至于"理发"的扩展，他认为是模仿了短语的用法，在句子中可以重新分析为词组。

3. 凝固度检测法

梁源（1999）从替换率的高低（也就是结合面的大小）来看成词性的高低，通过对大规模语料库中二字短语的前字和后字的替换频率检验词的成分结合的紧凑性，结果发现成词性的高低和替换率确有一定关系。定中、状中、述宾三类的凝固度都和以前字为基准的后字的替换频率相关，有成阶突变关联。替换率在 100 以上的，前后字联系极为松散，即定中类表"指代"的、定语为"大、小、黑、白"的、状中类表"连接/否定/程度/时间/范围"的、述宾类表"心理/助动"的前字与后字的凝固度极低。替换率的突变和语法类的联系并不是偶然的巧合，这正说明了字的类聚。凝固度检测法为词建立了一个过渡地带，在具体的分词运用中是二字词库优先，然后是凝固度高的二字短语库，最后是凝固度低的二字短语库。

4. 平行周遍性对比原则

陈保亚（1999，2005，2006）认为组合可以分为两种，一种是整体义可以根据成分义和关系义预测的，这是规则字组；另一种是整体义不能根据成分义和关系义预测的，这是不规则字组。为区别这两种单位，他提出"平行周遍性对比原则"。对结构成分进行替换，既不平行，也不周遍的是不规则字组，如"老板、老手、老实"。平行但不周遍的，是解释性规则字组，如"老虎、老鹰、老鼠"。既平行又周遍的，是生成性规则字组，如"老李、老张、老刘"。在分类的能力上，平行周遍对比的方法很强大，虽然对什么是"同类成分"不大好确定，可能要参考意义标准，但是应该说得到的是相当同质的结果。

凝固度检测法和平行周遍性对比原则是从聚合角度来看词的整体性，都打破了成分的自由黏着对结构体是否为词的限制。凝固度检测法在词和词组之间建立了一个过渡地带，用结合面的宽窄来判断成词性的高低。平行周遍性对比原则从语言的规则单位和不规则单位入手，认为不可预测的单位要归入词。

5. "语义·语法"法

王洪君（1994）认为词和短语的区别在于它们在更上级单位中的表现不同，即词在更大的上级结构中的整体功能与同类短语的最基本功能不符。从字组组合的语法·语义关系出发，根据字类的组合序列和结构类型的关系，分析了与成词交涉较多的各类组合成词的可能性，包括以下几种。

（1）主谓短语："名词+及物动词"与成词较少交涉，与成词交涉较多的是"名词+不及物动词、状态动词、性质形容词"。

（2）述宾短语：在述语的诸多小类中（如动作动词、心理动词、存在消失动词、“有”动词），先考虑了与成词交涉较多的“二价及物动词+名词→不及物动词”小类。

（3）述补短语：述补短语中的状态、可能、程度补语必须加虚字，肯定是短语。与成词交涉较多的是动趋式、动结式。

（4）状中短语：有虚字标记的和外层的时间、处所状语与成词无涉。与成词交涉的否定、程度、范围、状貌状语，副+形→形，{副、形}+动→动。

（5）定中短语：{形、不及物状态动、名、区别}+名→名。

制定出各类短语的三级鉴别式，分别是：某类短语在更大的上级结构中应具有的功能、某类短语最基本的扩展式、某类短语普遍具有的自由扩展式。根据对三级鉴别式的违背程度和字组义是否等于“字义+结构义”，分出了词、离合词、准词、类词短语、自由短语五类，形成成词性和成句性的连续体。准词和类词的区别是，类词是句法性凝固，如多层短语的最内层不能扩展，同小类所有成员的搭配都是相同的，如猪肉、狼肉等；准词是词汇性凝固，与短语无关，如植树。

这样通过字类、字的序列、结构关系，就可以既描写词又描写短语，而且成词性高低的连续体在应用中可根据对象的不同（计算机、母语者、留学生），把不同的部分收入词典。

6. 综合法

袁毓林（1997）结合成分的结合面、来源、频率等因素，提出对词汇进行分级处理：一级词汇是那些没有争议的词；二级词汇是那些游移于词和词组之间的字串，它们通常由一些能产性强的格式或结合面宽的语素构成，如好吃、好弄、公开化、地下化、游戏机、抽油烟机；三级词汇是那些在现代汉语中并不通用的文言词，它们通常出现在固定的文体或结构中，如讯（“新华社某月某日讯”），吝（“这样的事他也吝而不做”）；四级词汇是那些从语言学上看肯定是词组，但同现概率和出现频率极高的字串，如一个、这种、那些、不同、为什么、百分之百。

1.2.2　从语法、语音的层面看韵律词

在对复合词标准的讨论中，语音标准曾隐含在许多学者的定义之中。而韵律词概念的提出，明确了从跨层面关联角度确定语言单位的理论思路。

1. 辅助和隐含的语音标准

很多学者在鉴定词的时候不同程度地使用了语音标准，不过这些语音标准大都是辅助标准，有一些还是隐含的。陆志韦、赵元任、吕叔湘、刘叔新都提出过通过语音标准来鉴定词。基本上包括以下几个方面。

1）轻声

陆志韦（1957/1964）认为轻音和儿化都可以用来简化手续，比如"逮·住"一定是词，就不用再使用扩展法了，而"逮住"还得再分析。赵元任认为轻声可以分为四类：①后缀，②宾语位置上的人称代词，③句末助词，④开放的，不能列举的一类音节。基本上①和④两类是词。

2）儿化

陆志韦（1957/1964）认为儿化可以用来简化手续，儿化如果是加在整个结构上的，就说明这个结构是词，也不必再使用扩展法了。

3）重音

赵元任认为对比重音落在词上，如"你以为他看不见啊，其实他看得见"。但是注意当语素作为引文时，仿佛取得了词的资格。

4）变调

赵元任提出吴语里可以用变调来鉴别词和词组。但是普通话的上声变调"粉笔""很久"不足以区别词和词组。

5）停顿和可能停顿

赵元任提出，在普通话中拿可能的停顿作为标准更有普遍性，如果说到一个多音词中间停顿，再开始的时候要重复整个词，而短语就可以把第一个音节拉长，再说第二个音节，如"没山"和"煤山"。赵元任相当重视节律在确定词时的作用，他认为"最小的自由形式"定义为单说和单用都太严格，应该定义为最小的"停顿群"。

刘叔新（1990a）也采用了停顿标准。他对词的定义是"最小的完整定型的语言建筑材料单位"。"完整定型的"标准是语音和语义，其中语音标准就是停顿。构词成分指起止处没有停顿；词指起止处有停顿，内部没有停顿；固定语指起止处有停顿，内部有停顿，语音形式上稳定；词组指起止处有停顿，内部有停顿，语音形式不稳定。

6）音节数标准

陆志韦（1957/1964）在实际操作中运用了一个"音节数标准"，即"二、三音节多为词，多音节多为语"。比如，对"名+名"的处理，凡是有一个成分是单音的（注：主要指两个单音节名名和一单一双名名，一个单音节配一个三音节的名名非常少），该结构是词。凭借扩展法，这样的词分为两类，一是"充分的"，完全连写；二是比较"不充分的"，两个成分用短横隔开。两个成分都是多音的，又分为两类。分类的手续基本上还是凭借扩展法，只是所得结果不同。能扩展的结构是词组，不能扩展的是词。又如，在处理长串的"形+名"结构时，认为"一望而知是词组"。再如，处理动宾格时，宾语是双音节或单音节的符合"动不脱离宾、宾不脱离动"标准的是词（如丢脸面、吃独食），而宾语是三音节或以上的，即使动不能脱离宾（喝西北风），宾不能脱离动（耍嘴皮子），也认为是词组。"在 X+XX 的结构上，承认一个例子的词性不妨从宽；宾语是三个字以上的应该从严，一般的是词组。"

吕叔湘（1979）指出，"我们常有这样的经验：两个语言片断，语法结构相同，能否单说扩展的条件相同，只是音节多寡不同，比如说，一个是双音节，一个是四音节，我们觉得前者更像一个词，后者更像一个词组。例如，'公路：公共汽车'，'另算：另外计算'（前面一个成分不能单说，中间不能插入别的成分）；'水缸：泡菜坛子'（前后两个成分都能单说，中间不能插入别的成分）；'新书：新鲜蔬菜'（前后两个成分都能单说，中间能插入 de）。如果把音节数目作为一个重要条件，似乎也可以把双音节的（和三音节的）和四音节的（和四音节以上的）分别对待，不按同样的标准处理。这些是偏正组合的例子，动宾组合的情形又不同些。……从语音上看，拆开的时候和不拆开的时候给人的感觉也不一样"。

沈阳（1997）提出动态复合词的概念，在这个概念的标准中也隐含了音节数标准，即"两音节自由语素的组合都成词"。根据轻声成分、替换成分、添加成分、选择限制、扩展限制、频率比较、长度比较等标准的正负值，把动态复合词亦动态性的强弱依次分为轻声型、依存型（大家、月亮）、连带型（生姜、演讲）、凝固型（大车、铁路）、短语型（大树、看见）、离合型（洗澡、理发）、词汇型（鸡蛋、羊毛）。词汇型的定义是，对于在组合成分条件和限制条件方面难以确认的结构，就比较其他肯定是词的同构单位，看组合形式的长度是否一致，凡长度一致，则为词汇型复合词。比如，"鸭蛋"根据语素的自由和黏着已经确定为词，那么结构相同、长度相同的"鸡蛋"可以确定为词。"根据这一定义，所有两个单音节自由语素组合实际上就都一定是动态复合词。"也就是说，所有符合长度标准的组合都是词，只不过可以再根据其他标准分出各种类型来。

以上标准中，从能否普遍使用的角度来看，停顿和音节数是具有普遍性的。音节数标准很早就被注意到了，但是以语素为基本单位又考虑音节数标准必然要建立两套概念，可是以"字"为基本单位，只要一套概念就够了。

2. 韵律词的明确提出

冯胜利（1996）提出，汉语的韵律词从韵律音系学的角度解释了音节数对词的制约作用，为长期以来语言学家语感上存在但又难于解释的现象进行了证明。他提出复合词都是韵律词，但是韵律词未必都是复合词。韵律词是一个介于复合词和短语之间的概念。

董秀芳（2004）认为，是否是"词"，由韵律特点和词法规则而决定；"词"分为"不能从成分和规则推出的词库词"和"可以从成分和词法规则推出的词法词"两部分。也就是说，"成分义加结构义等于整体义""成分能够平行周遍地替换"等条件只能证明该结构不是"词库词"而不能证明它不是"词法词"，如"第一、第十""老张、小王"都是典型的词法词。词法词也是词而不是语。

王洪君（1994，1999，2000a）从语法语音最低交会点的角度为汉语的"字"正名，又从语音语法交会的角度提出了韵律词、韵律短语的切分。"语法基本备用单位必须有固定统一的韵律标记，韵律上要能单说。语法基本备用单位的编码过程是语音与现实相互匹配而彼此分节、离散、抽象的过程。在这一过程中，统一固定的韵律模式、韵律上的单说应该是音义链层面上分节的必要条件。韵律上可单说，意义上可抽象，它们彼此匹配而离散开来，成为对现实的基本分节。"

王洪君（2000b）根据各级单位的语法和语音表现，以"不同层次有不同的模式，较高层面单位的特征建筑在较低层面单位的特性上，但又不改变低层的特征"为原则，综合了停顿、音节数、成分类、结构关系等语音、语法表现，对各级单位进行了系统的分析。他提出，韵律词指语法上凝固的、节律上稳定的单音步或凝固的复二步词。其中，单音步包括叠变式（啪啪）、复合式（工厂、买米、笔直，不包括"指代/数量+名""主动/心里动+动""连接/否定/时体/范围/频次+动"等两字组）、后轻式（黄瓜、抓住、姥姥）、后加式（雨伞厂，保险锁厂，限2+1、2+1+1定中）；凝固的复二步包括暗亮叠变式（噼里/啪啦）、暗亮复合式（乱七/八糟）、等亮叠变式（噼啪/噼啪）、等亮复合式（取长/补短）。韵律短语分为类词韵律短语和自由韵律短语。它们都是有规则性语法结构的、停延和音步的音域展敛可以用规则控制的可能多音步。其中，类词韵律短语指内部停延总小于外部停延，又可再分为无停延式（小/雨伞、人民/代表/大会、纸张/粉碎机、全程/旁听）和有停延式（易拉罐/饮料//灌装/生产线）。自由韵律短语则是内部停延大于外部停延，如又唱//又跳、俩//饼……

王洪君还指出，四音节以上的类词短语（如"中华人民共和国"）国外一般叫做"复合词"，而两三音节的韵律词（如"白菜""雨伞厂"）国内外也叫"复合词"。这两类单位在韵律上明显地具有两类不同的模式。因此，她主张用"韵律类词"和"韵律词"的术语区分开这两级单位。

王立（2003）就汉语社团的"词感"问题（也即说汉语的各个阶层

所认为的"词"是什么）进行了大规模的社会语言学的调查，结果表明，两音节的各种黏合结构，三音节定中、述补、名方位等基本上是"成词"的。这表明，汉语母语者心目中的"词"跟韵律词的定义几乎完全一致，而跟依据各种语法标准定义的词有很大的出入。

本书以复合式韵律词中的双音词（以下称为"双音词"或"词"）为研究对象。本书主要以结构成分为名物性和动作性单字的双音词为考察对象。

本书所用词表为《信息处理用现代汉语分词词表》（孙茂松等，2001；王洪君，2001b）。该词表所收词条比一般的现代汉语词典多，符合王洪君（2008）对标准词的定义。所以本书研究的词语全部来自该词表。

关于词语的意思，我们参考了商务印书馆出版的光盘版的《汉语大词典》，文中对词语进行解释的脚注，未加特别说明的均来自该词典。

1.3　构词法研究的两个视角

构词法研究两个不同的视角：一个视角是从结构关系出发、兼顾结构成分，这是自上而下的视角；另一个视角是从结构成分出发、兼顾结构关系，这是自下而上的视角。

1.3.1　自上而下的视角

在这一视角下，有很多发现，产生了很多代表性的研究，如陆志韦（1957/1964）、赵元任（1968）、周荐（1991）、Packard（2001）的研究。陆志韦（1957/1964）提出用五种结构关系——偏正、述宾、述补、主谓、联合——来分析复合词。周荐（1991）对《现代汉语词典》的词条进行了穷尽研究，发现96.57%的词可以用偏正、述宾、述补、主谓、联合这五种关系来描述。赵元任（1968）从结构的向心和离心的角度出发，提出主谓式是离心的，并列式每个成分都是中心，大部分偏正式都和中心语同类（除去离心式复合词），动宾式中如果整个做不及物动词的就是以动词为中心的向心结构，如果整个作及物动词、名词、形容词、副词、感叹词的就是离心的。Packard（2001）认为汉语的复合词是有"中心的"，提出"中心性原则"（HP），即名词的中心在后，动词的中心在前，指出整体词的功能类（词性）对中心语素的功能类的限制，即整体词为名词，则中心语素为名词（在 1.2 万词中有 10.1%的例外）；整体词为动词，则中心语素为动词（在 1.2 万词中有 15%的例外）。杨梅（2006）对北京大学中文系和北京大学计算语言研究所《现代汉语语法信息词典》（电子版）里的 39 454 个词逐一进行构词方式、构成成分的素性和核心的确认等分析。其用核心属性同化理论来说明合成词中核心成分的语法属性会同化整个合成词，从而决定了合成词的词性。90%以上的合成词符合核心属性同化规则。只有不到 10%的合成词不符合核心属性同化规则。越是使用频率高的词汇其核心属性同化率越低，越是使用频率低的词汇其核心属性同化率越高。这项研究再次验证了语素的语法属性和整体词的语法属性之间的关系，同时指出高频词汇和低频词汇之间的差异。

在语义方面，刘叔新（1985，1990b）认为"词的内部形式"就是词义的表现方式。他提出：①结构项的单字性和意义组合的双向性，就是说意义组合的直接成分以单音节语素为体现的基础，而且整个结构只由两个结构项组成。这样造成了复合词内部形势整齐而有规律，给词义提供简明的线索，便于理解和记忆。②根据复合词反映的是对象的实质特点还是表征特点，分为实质的（如彩霞）和表征的（如壁虎、佛手）两大类。③根据反映对象的特点，分为直指的（如大街）、喻指的（如刀俎）、隐指的（如调门儿）。

朱彦（2004）认为复合词的语义结构本质上是一种认知场景，可归结为一定的认知框架。复合词是框架（包括简单框架和复合框架）的成分在语言表层的映射。她运用了认知语言学的相关理论——格语法理论、框架理论、图形-背景理论、目的物/参照物理论等，又运用了述谓结构分析方法来描述复合词的深层语义结构，发现了从语义层到形式层进行构词框架压模的一些规律，提出了框架压模的语义法则和语义过程，认为构词的过程是从场景开始，经过框架压模，其中的某些角色得到凸显，经过排序，就形成了复合词。对于构词的过程是从场景开始这个认识的，我们完全赞成，但是对于构词过程的其他方面，我们有新的看法。我们认为当某个场景反复出现，使得人有了把它概念化的愿望以后，首先要明确是动态性概念还是静态性概念，其次选择核心字（动态性概念一般前字为核心，静态性概念一般后字为核心），最后根据核心字确定另一个字。这中间不一定要经过一个句法的阶段。

朱志平（2005）为现代汉语双音词建立了一个属性库，其中的参数共有 6 类 19 项，与本书有关的是其中的语义参数，分为语素本义、语素义引申轨迹、语素自由度、语素义项数、语素结构理据的清晰度、语义结构、语义引申的民族性、双音词义项数八项。她从双音词的结构及其与语素义结合方式的相关性出发，把并列式进一步分为同义并列、反义并列、分化近义并列、文化义并列四种，对于偏正式该书根据前人的研究成果，即在分化型、强化型、总括型三种的基础上，把述宾、述补、主谓也分别分为分化型和其他型。她是从结构语义的同一性出发来进行分类的。我们赞成她从历时分化角度对词语的研究，但是对于在共时的普通人的心理词典中分化得来的和非分化得来的词是否属于不同的类别，我们认为有必要进一步研究。

1.3.2　自下而上的视角

在对词汇的细致分析中，学者发现结构成分对构词法也有选择限制。按照陆志韦（1957/1964）发现的几大类复合词的结构规则，如果所有的单字都按照形式类进入这些结构的话，除去虚字，那么双音复合词数量也将大得惊人；但事实是即便单字符合形式类，在二字组合中空格也是非常多的，多到我们几乎无法从空格的角度来研究。周荐（1991）对《现代汉语词典》的词条中复合词的两个成分之间的意义结构关系进行了分析，得到 9 个一级类，30 个二级类，有些二级类还进行了三级类的划分，计有 95 类。这些细致的分析表明，语义关系跟结构成分的语义特征有很大的关系。

比如说，名名组合，也就是"名+名"，是规则允许的组合，应该是构成名词，比如"水""仙"，可以组成"水仙""仙水"，可是"狼""蛋"，就不能组成"*狼蛋""*蛋狼"，大概也没有"*水狼""*狼水""*蛋水""*仙狼""*狼仙""*仙蛋""*蛋仙"，后四个也许可以出现在童话或神话小说里，"水蛋[①]"也有人用。四个字，按照规则，可以组成 12 个二字词，但是真正说的不过三个，其他组合就属于我们所说的"空格"。"空格"有些是潜在的词，就是语义允许的搭配。比如"植物+农"，我们现在有"果农、菜农、花农、棉农"，如果将来某天种榆树也能赚大钱成专业户的话，也许会有"榆农"。但是"*狼蛋"就几乎不可能有，因为狼不可能变成卵生的。

因此，就产生了第二个视角，就是从结构成分出发、兼顾结构关系的自下而上的视角。

从语法语义结合的角度看，语法和语义并没有截然的界线，成分的类区分得越粗，成分类的语义就越抽象、越偏向语法性词类，成分间的关系就越偏向语法关系；成分的类区分得越细，成分类的语义就越具体、越偏向语义类，成分间的关系就越偏向语义关系。凡词的语法分类，凡构词或构语的语法规则，其实都有相对应的语义内涵，只不过是语义的抽象度更高而已。比如，"名词是表事物的词"并没有错，只是其中的"事物"要从抽象很高的层次上来理解。

基于这一思想，王洪君（1994，1998，2000a）对于构词、构语规则的分析都同时给出语法规则和相应的语义规则。语法规则包括语法成分的语法类别、成分的排列次序、整体的语法类别，同时一定存在与这些语法范畴、语法规则相应的语义范畴和语义规则。例如，"喝酒、避雨、认亲、打拳"的语法关系是"Vt+N→Vi（述宾）"，语法语义规则是"动作+物→特类活动"；"发潮、长毛"的语法关系是"Vt+N/A→Vi（述宾）"，语法语义规则是"变化+物/性质→状态"；"爱国、有名"的语法关系是"Vt+N→A（述宾）"，语法语义规则是"心理/存现/领属动+物/抽象物→性质"；"踩灭、气坏"的语法关系是"Vt+ Vi/A→Vt（述补）"，语法语

---

① 这个词，在本书作者的语感里不大说，但是 2006 年 3 月 28 日《北京晚报》第 40 版"手机博客"栏目《我的减肥小心得》里有"上午蒸水蛋一小碗"的说法。

义规则是"非后限动+点动/状态→后限动";"鸡蛋、蛋鸡、椅背"的语法关系是"N+N→N",语法语义规则是"事物 A+事物 B→事物 B 的下级事物"。

符淮青(1985)从词的释义的角度,指出词义和语素义的关系有五种类型:①语素义直接、完全地表示词义(如平分、哀伤、根源);②语素义直接但部分地表示词义(如出厂、刻毒、停职);③语素义和词义间接联系,词义是语素义的引申比喻义(如"铁窗"指监狱);④其中,一个语素完全不用它原有的意义来表示词义(如反水、白菜、电视、老鼠);⑤构成词的所有语素的原有义都不显示词义(如二百五、安培)。

叶文曦(1996)从语义构词的角度、以字本位为理论出发点,对汉语构词法进行了历时和共时的全面整理。为历史上的单音词和后来的双音词,也就是单字音格局时期的词的语义构造和双字音格局时期的词的语义构造,建构了一个共同的构词模式,即"一个词=一个语义特征×一个义类"。在现代汉语中,语义特征(前字)和义类(后字)之间的关系,可以是下位概念和上位概念的关系(类别式),可以是并列或隐含的关系(比喻式),可以是描写的关系(描摹式)。在描摹式中,具体给出了 10 个义等(语义特征)和 10 个义摄(义类),指出了语义特征和义类之间的搭配可能性。比如,为什么说"耕牛"不说"田牛",是因为"义等"在概念化中起了重要作用。"'义等'好比是意义的格子或骨架,规定着人们用来划分事物类别的方式方法。"

他还指出,语义特征和义类有时是相互转化的。通过义类的高低和词频统计之间的关系,发现表级别高的"义类"的字较多充当后字,表级别低的则较少充当后字或不能充当后字,但是通常出现在前字的位置上。表义类级别高的字大多可以自由地出现在前后字两个位置上,但前 100 个最常用字的情况是,充当前字的情况是后字的 87%。从而解释了有些组配,如*动摆、*动颤、*动跳、*动推、*动移、*动转不成立,因为"动"级别高。

王洪君(2005a,2005b)的两篇文章从语法-语义的角度全面考察了动物、身体部位两义场单字的所有两字组合,发现:两义场字 95%以上按照名字的构词模式（即做定中结构的中心语和定语、述宾结构的宾语、主谓结构的主语）来构词，由此可确定这两义场的字不管黏着与否都是名性的。单义场特有的构词模式为身体部位单字可以相当自由地构造出：① "眼红、嘴碎、手痒" 等内部结构为 NA 且整体只能修饰 N[人] 的谓词；② "刺耳、醒目、挤脚" 等内部结构为 VN 的形容词。一些兼具[+食品]特征的动物义场单字可以自由构造出 "烤鸡、蒸鱼" 等内部结构为述宾的名词。在语义引申方面，动物义场单字的字义引申主要取 "像 X 一样" 方式，而身体义场单字则主要取 "与 X 关系相同" 方式。

王源庆（2011）以《同义词词林》为义类分类的标准，以《现代汉语词典》和《新词语大词典》中的 48 655 个双音合成词为对象，分别对构词语素（即本书的单字）和词的义类进行标注，在此基础上进行统计分析。结果表明，在 4 万多个双音合成词中，每个义类构词能力不尽相同，按照构词频率（即数量）构成下列不等式，括号里的数字是频度（构词数量），B 物（19 897）> H 活动（15 909）> D 抽象事物（15 000）> E 特征（14 548）> I 现象与状态（7334）> K 助语（4965）> C 时间与空间（4924）> A 人（4422）> F 动作（3871）> J 关联（3390）> G 心理活动（3094）> L 敬称（55）。B 物类和 H 活动类在 12 个义类中频率最高，主要原因是物体和活动是世界的主体，词汇是反映客观世界的，由物体和活动产生的词汇占绝大多数。

这两个角度看似对立，实则是互相补充的。结构主义的语义观中，结构意义是由结构成分的意义组合而成的。认知语言学的语义观中，结构意义是利用结构成分建构的。因此，本书是两个角度结合的研究。本书认为复合词词义是利用字义来建构的。因此，首先对字义进行研究，弄清字义能为词义建构提供的内容，这是自下而上的角度；再讨论词义复合中提取字义的制约条件及词义建构中的浮现意义，这是自上而下的角度。

1.4　空间认知和词汇

空间是人类生存的场所。空间认知不仅是认知语言学、心理语言学、脑科学、地理学、物理学、哲学等学科的重要研究内容之一，也是这些学科的交会点之一。"空间认知，在人类思维活动中处于核心地位。长期以来，学者们已经注意到：空间思维不仅为我们理解其他领域的事物提供了类比工具，其作用还表现在图解的功效上。还有日常语言中空间隐喻无所不在；场所、场地还具有引起回忆、唤起感情的功能；大而言之，几何图形（几何学）、天文学，以及制图学在科技发展中起了特殊的作用。"（Levison，2003：xvii，转引自纪云霞和林书武，2009）。

线性的语言如何表达立体的空间是认知语言学的核心问题之一。比如，Langacker（1990）的认知语法，最初就叫"空间语法"；Talmy（2005，2010）提出了空间图式系统来分析语言的封闭类对空间的表达。Levinson（2003）、Levinson 和 Wilkins（2006）从语言多样性的角度提出了"空间的语法"（Grammars of Space）。

词汇的内在空间语义要素与空间参照框架、空间位移事件都有关系。

1.4.1　词汇的内在空间语义要素

词汇的内在空间语义要素与空间维度、几何图形有关。

徐今（2015）从维度、距离、方向等三个方面系统考察分析汉语空间形容词（大/小、高/低/矮、长/短、宽/窄、厚/薄、粗/细、深/浅）的空间量。发现空间形容词在维度凸显上有强弱差别，在空间距离上有连续距离和间隔距离之分，在方向属性上呈现出有无之别和类型之别。

王文斌（2001）从体验哲学出发，以 Lakoff 的理想化认知模型（Idealized Cognitive Model，ICM）为视角，用意象图式理论和空间隐喻理论，探讨汉语"心"的空间隐喻，发现"心"既可以隐喻为三维空间（如心比天高）、二维空间（如心比海宽），又可以隐喻为一维空间（如语重心长），反映了人们对"心"的既对立又统一的整体空间结构思维。

范素琴（2010）用 Talmy（2005）的空间图式系统理论分析了汉语方位词"上"表征的空间图式及空间意义。其首先介绍了空间图式系统理论中 Talmy 对空间图式拓扑性的表现，即意象化和抽象化的论述，以及对"图形"和"背景"关系的论述。然后从语料库中提取了"名词+上"的例句，通过分析，发现"背景"的几何性质最常见的是"面"，而且与面是否水平无关。"图形"与"背景"的关系包括附着、融入、覆盖、悬挂、倚靠。"图形"既可以相对于"背景"静止又可以相对于背景运动。

1.4.2　词汇的内在空间语义要素和空间参照框架

Levinson 等（1996，2003，2010，2012）对 10 种语言（其中包括一些使用人口极少的语言）进行实地调查，包括各语言的空间关系描述、动态描述和参照框架等方面的调查。取得的最主要的成就就是对参照框架的研究。Levinson 和 Wilkins（2006）提出三种主要的描述参照框架，即相对参照框架（relative frame of reference）、绝对参照框架（absolute frame of reference）和内在固有参照框架（intrinsic frame of reference）。

绝对参照框架是以固定的方位方向为参照的。这种方向方位对同一语言社团的成员来说随时可以利用。

相对参照框架是从观察者自身出发的，以观察者为轴心，把观察者的前、后、左、右映射到整个场景中去。

内在固有参照框架是以某一物体的固有结构为参照的。这种参照要求对客体进行某种分割，把分割出来的不同部分分别命名，然后以此为参照。

下面这三个句子就是分别使用上述三种参照框架。

　　（1）The statue is east to the town hall.

　　（2）The statue is in front of the tree.

　　（3）The statue is in front of the town hall.

句（1）中 east 是固定的方向，以此为参照，是绝对参照框架。句（2）中 tree 自身并没有前后之分，in front of 是以观察者为参照的，是相对参照框架。句（3）中 town hall 自身是有前后之分的，这是 town hall 的内在固有特点，因此是内在固有参照框架。再如，He ran into the town hall 有内外之分，是 town hall 的固有特点，这也属于内在固有参照框架。

这三种参照框架都与词汇的内在语义要素有关。east 是专门的方位词，tree 没有内在的场景切分，而 town hall 有内在场景切分。

刘宁生（1994）从语言中的空间表达角度，讨论了目的物与参照物的可接受性问题（如自行车在火车站附近，火车站在自行车附近），这种可接受度与词汇所表示的物体的大小、移动性有关。其实这也与词汇的内在空间语义要素的制约有关。

1.4.3　词汇的内在空间语义要素和空间位移事件

汉语空间位移事件的研究在近年来引起了很多关注，尤其是动词的词化类型引起了很多争论。Talmy（2000）认为运动事件的核心图式是"路径"语义要素，因此，路径编码在动词词根中的语言是动词框架语言，路径编码在附加语中的语言是附加语框架语言。汉语是附加语框架语言。沈家煊（2003）提出汉语核心语和附加语的区分不明显，因此汉语不是典型的"附加语构架语言"。Slobin（2004）则根据编码路径的附加语也常常由动词来承担，认为汉语等连动语言的路径成分和方式成分都是动词，因此属于均等框架语言。Talmy（2012）反驳 Slobin，指出"走开"中的"开"和动词"开"的意义不同，不属于均等框架，"走进"中的"进"和动词"进"的意义相同，属于均等框架。柯理思（2016）提出汉语中存在融合了路径、方式和处所参照等语义要素的动词，比如"还（huán）"融合了路径和方式，"掏、捞"等融合了路径、方式和处所参照等语义要素。这是关于词化类型的几种基本观点，此外，还有不少研究在此基础上进行了实证研究。

与这个问题相关的是对动词方向的研究。邱广君（1999）提出"现代汉语动词的方向体系"，能在趋向动词前出现的动词为移动动词，其中自移动词的方向分为对施事向、对处所向，他移动词的方向分二价向、三价向。趋向补语的方向分起经、终到、指向、转移四个向。"来/去"，称为主观方向，分为对说话人向、对听话人向、对叙述事件中人物的方向。张国宪（2000）确立了动词的"动向范畴"。石毓智（2004）

从类型学出发，发现汉语动词在概念化时方向往往是中性的。王媛（2008）研究了动词概念中内含的"方向性"语义特征，又考察了各方向类型动作动词在外化表达其内在方向性意义时的句法表现情况，故此把动趋结构分为"同向表达"和"异向表达"两种类型，发现动作动词和"同向表达"的动趋结构的句法语义表现基本相同，而与"异向表达"的动趋结构完全不同。邱广君（1999）对方向的确定是根据句法确定的，王媛（2008）对此是根据语义确定的，这和 Talmy（2000）都不尽相同。

汉语对空间认知的讨论，主要集中在句法层面。例如，齐沪扬（1998）对现代汉语的空间系统的研究，刘宁生（1995）、崔希亮（2002，2004）、刘礼进（2014）、方经民（1999）、刘丹青（2001）、张旺熹（2001）对参照框架、语序、介词、句式等的研究。涉及构词现象的有，李宇明（1999）通过对时间的空间隐喻（如上星期、下午、来年、去年等）和社会关系的空间隐喻（如上级、下级、大员、近邻、远亲等）论证了空间在世界认知中的地位，徐今（2015）对空间形容词的空间量的研究，王文斌（2014，2015）对动词空间性的研究，等等。这些研究是以构词为例证说明某一语义问题，而不是对构词法的研究。

汉语的构词法具有词汇和语法的接口的性质，构词法中也有相当多与空间认知有关的现象，比如，"水草"的构词方式是"生活地点+动植物"，这反映的是植物在现实空间中的位置，是利用空间关系来构词，其实也是参照物问题。又如，"巨石"的构词方式是"体积+物体"，体积是物体的欧几里得空间属性。再如，"跨海"构词时利用了"跨"的包括起点、终点及连接起点和终点的路径在内的"预包装"了的空间图式。这些是本书的研究对象，本书所考察的与空间认知有关的构词现象，既包括与欧几里得几何空间认知有关的构词现象，又包括与拓扑空间认知有关的构词现象。

本书是自下而上和自上而下结合的研究，一方面对字的空间语义要素进行分析，厘清字义能为词义建构提供的内容；另一方面从词义建构的角度分析字义如何组合并形成浮现意义。对词义的建构，本书采用的是概念整合网络理论。本书的各章围绕概念整合网络展开。第 1 章是绪论,第 2 章提出现代汉语字词格局和双音词的概念整合网络的总体设想,第 3~5 章讨论输入空间,第 6~7 章讨论类属空间,第 8 章讨论混成空间,第 9 章是总结。

第2章 现代汉语字词格局和双音词的概念整合网络

2.1 现代汉语的字词格局

对现代汉语字词格局的认识是本书立论的出发点。促使这一思考的原因就是现代汉语的新词现象。新词的不断涌现是现代汉语一个很突出的现象，根据《新华新词语词典》（2003 年版）的统计，每年出现的新词大约有 1000 个。这些新词的语义对母语者来说并不需要特别的解释，母语者往往能够根据上下文和字义准确地判断词义。新词创造和理解的自动化之所以能够轻松实现，是因为现代汉语的字词关系为之提供了基础。在综合了理论语言学、计算语言学、心理语言学、语言习得等领域的研究成果基础上，本书提出对现代汉语字词关系的认识，并称之为"字词格局"。本书认为该格局有以下特点。

2.1.1 结构项的单字性和意义组合的双项性

刘叔新（1985）指出词的内部形式具有这样的特点：一般具有结构项的单字性；意义组合表现出双项性。他还指出，这些特性使内部形式十分整齐、简洁，能给词义的揭示提供简明的线索。

结构项的单字性和意义组合的双项性使现代汉语的词汇系统呈现出既灵活又稳定的局面。这表现为词汇的主体是双音节词，亦即二字词。

周荐（1991）对《现代汉语词典》的统计表明，67.525%的词汇是双音组合。

王立（2003）对公众语感的测量显示，95%以上的调查对象认为"好汉、白云、大海、长桥、海鱼、牛车、羊肉、他乡、我国、本台"等双音节定中结构，"做过、泛起、吹来、踏进、落下、投下、花上、看到、垂到、归入、闯进、泛着、飘着、变得"等补充结构，"心中、梦中、山后、水里、枝上、地下"等方位结构，"一位、几朵、几只、每天、各种、这个"等数/指量结构及"常常、等等"等重叠结构是"词"；90%以上的调查对象认定"上班、结婚、同路、转身、讲学、做客、见面、跑步、落地、学艺"等双音节动宾结构是"词"；80%的调查对象把"还要、还需、都有、还得、很难、好看、就像"等双音节状中结构认定为"词"。这表明公众心目中对词的定义比专家的定义宽泛得多，似乎凡是"双"的、常见的都是词。

本书在对词的鉴定的综述中也指出不少学者把"双音"作为隐含的标准。

"双音词"之所以会在现代汉语词汇中具有模式的地位，是因为它同时满足了语音和语义两个方面的需要。语言的本质就是通过特定的声音来传达特定的意义。

"双音"在语音表现上恰好是"双音节"，"双音节"就满足了"单音步"的要求，在语音上具有一定程度的稳定性、易识别性。在语义上，单音节多义性较强，双音节意义更确定。

总之，双音词在现代汉语词汇中具有主要模式的地位，所以"双"应该成为我们分析字词关系的一个着眼点，或者说一个构词法理论也应该对"双"有所解释。

2.1.2　单字的数量有限封闭，双音词的数量无限开放

单字和双音词都是现代汉语的备用单位，即词汇单位，但是从数量上看，二者的特点各不相同。单字呈现出相对有限、封闭、稳定的特点，双音词呈现出相对无限、开放、活跃的特点。

从历时的层面讲，单字的总量也是比较大的。但是从共时的层面上

讲，现代汉语的单字数量是相对稳定的，基本上已不造新字。国家语言文字工作委员会和教育部公布的《现代汉语常用字表》一级常用汉字 2500个，覆盖率达 97.97%，二级常用汉字 1000 个，覆盖率达 1.51%，合计覆盖率达 99.48%。虽然这个统计是从汉字字形的角度做的，没有区分多音字和同形字，但是这并不妨碍我们得出一个基本的认识，即单字是有限而且稳定的。这些有限、稳定的小单位一方面为无限的创造提供了可能，另一方面也划定了范围。我们所创造的双音词，数量上大得多，但是使用的都是已有的字（字母词除外）。

在由单字构造双音词的过程中，单字的能产性不一样，有的单字构词能力很强，有的单字构词能力很弱。也就是说，新词的产生对"材料"即"单字"有很强的选择性。

2.1.3　单字义和双音词义辗转相生

单字字义存在于它的用法之中，也就是它所组成的上一级单位即"双音词"当中，这就是"单字字义在双音词义中显现"；与此同时，词义可以通过上下文和字义的推理得到，词义是一个整体，是理据性和约定性的统一，词义是借助于字义来表达的，这就是"词义利用字义来建构"；"字义和词义辗转相生"是赵金铭（1989）指出的，"辗转相生"这四个字非常形象地道出了字义和词义之间的关系，不仅字义影响词义，反过来词义也影响字义。

词义的基础是字义，但是这种关系并不是单向的，词义也影响字义。字词之间就是这样不断互动的，在保证字的稳定性的同时，保证字义不断发展以适应新的需要。

汉族儿童对字词的习得从词开始，进一步通过对不同词中字的同一性的归纳而认识到字，然后形成对字词之间的意义关系、结构关系的认识，从而能够对语义透明词的意义进行正确的推断，并具备创造能被社会认可的新词的能力。

比如，一岁的小孩会说"阿姨"，这时儿童虽然掌握了这个双音词，但对其中字的意义并没有任何意识。笔者亲眼见到一位同事的女儿，两岁，大人指着儿童拼图地毯上的大象问她那叫什么名字，她说"大——"，大人又继续提示她"大什么""今天去公园见到什么了？"这时女孩说"大象"，可见，这时仍然是把双音词当做整体来记忆。另一位同事的女儿，四岁，早上起床时总是起来又倒下去，她母亲对她说要做"不倒翁"，她自己说要做"倒翁"，而且在一段时间内又造了诸如"站翁、立翁、坐翁"等词。还是这个女孩，幼儿园有个小朋友叫"小 bo"，她问她母亲"'小 bo'的'bo'是不是'新闻联播'的'bo'"。可见，至少在这个时候，儿童正在确认出现在不同词语中的单音节的意义的同一性。而且根据郝美玲（2003）的研究，这一能力发生得更早，儿童三岁就开始积极地区分同音字。根据徐彩华和李镗（2001）的研究，语文能力好的小学生在小学二年级就已经可以利用字义推知透明词的词义，语文能力差的小学生在六年级也具备了这种能力。根据郝美玲（2003）的研究，这种能力在学龄前儿童身上已经发现，他们可以根据"斑"和"牛"推知"斑牛"是"身上带斑纹的一种牛"。总之，我们看到儿童对字词关系的认识经历了一个从词到字、再从字到词的过程。事实上，当从词到字的过程完成以后，从字到词就是一个必然的过程。

母语儿童的学习过程表明，对任何一个说汉语的人来说，字词之间都有特定的联系。词义和现实世界的某种特定的事物、场景、过程相对应，但是这种对应并不需要死记硬背，而是可以利用构成词的字进行推理得到。字的总量很少，在个人的心理词典中字义有一个成长的过程，随着由某个字构成的词、造出的句的增加，该字的意义也在不断丰富。

2.1.4　单字和构词法互相有选择性

这个问题已在前文有所涉及，这里再进一步论述一下。

在对复合词构词法的研究中，"规则"一直是研究者最为关注的问题。但是当我们仔细分析一下这些规则，就会发现每条规则都有它的适用范围，但是规则的适用范围却从来没有作为对规则的附注和规则一起被提出来。这是因为这些内容对母语者来说实在是太习而不察了。其实规则的适用范围就是每条规则都是针对不同的"材料"的，也就是我们这里所说的"字"。

　　形式规则似乎在规则里已经暗含着对"材料"的约束，比如"N+N=N"或者"A+N=N"这样的规则，但是形式约束是远远不够的，就像前面举过的"*狼蛋"的例子一样，真正的约束来自语义的约束。

　　对语义关系作出详尽完整描写的是周荐（1991）的研究，该文对《现代汉语词典》双音节复合词进行了考察并总结出了"质料+事物"这样的结构语义关系。这样的分析表明，规则总是为某一类字而设立的。比如"质料+事物"的前字，只有可以做质料的字才能进入，诸如"柳筐""铁牛"中的"柳""铁"；而表示时间或表示方位的单字当然不能进入这样的规则，当遇到由表示时间或表示方位的单字组成的词时，人们会自动地设立新的规则来描述它们。表示度量的单字也不能进入"质料+事物"这样的规则，当遇到由表示度量的单字组成的词时，人们会自动地设立新的规则来描述它们。所以说到底，在词里遇到了什么字，就归纳为什么规则。

　　语义限制的本质是由单字字义造成的，是由单字字义所表达的概念造成的。

　　如果把单字和构词法列一个清单，就会发现，对具体的某个单字而言，它只能进入某些构词法；对具体的某个构词法而言，它只适用于某类字。这就是单字和构词法互相有选择性。

2.1.5　双音词义具有从经验中浮现的原生性

　　人们在创造新词时利用了语言中原有的字、字义和构词规则，但创造新词却源于经验世界的需要。新事物、新现象不断产生，开始人们会用若干句子或词组来认识它们，当它们在社会生活中出现频率增加，这些认识就会浓缩为新的"概念"。也就是说，是经验世界新生、浮现出的新概念促使人们从旧有的字和构词规则中选择材料来固化它们。创造新词不是拼字游戏，词义不是拼合字义后浮现的，而是应经验世界的要求而浮现的。但词义从经验世界浮现后，选择哪些字、利用哪些字义、哪些规则来凸显标示词义哪一方面的特点，要经使用者的约定来实现。

　　儿童很早已经能够根据自己的意愿创造一些词语，这些词语不被社会认可，是因为社会没有那样的需要，但是这些词语都是符合构词法的，这时候儿童在句法上成熟与否还是未知数，因此用建立在句法理论基础上的论元结构来处理词的内部语义关系未必合适。从场景发展成句子和把场景浓缩成概念是不同性质的活动。

2.1.6　小结

　　本章的分析表明汉语的这两种备用单位互相支撑，"单字"稳定、有限，表达着语言中一些相当基本但可能已经很宽泛的概念，比如"天""水""人"这些概念；"双音词"则不断被创造出来，而且可以继续被创造下去，概念往往要具体得多，字义在词义里基本保留，但是词义也会引起字义的扩展。这种字词格局既稳定又灵活、经济，既满足社会发展对新概念的需求，又不增加母语者的记忆负担，是一种有着相当大优势的格局。可以用图 2-1 来说明这种字词格局。

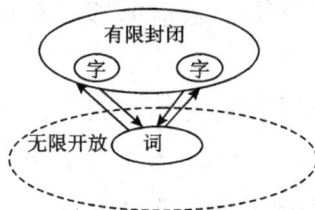

图 2-1　现代汉语字词格局示意图

　　在这样的格局中，字词意义上的关系是一种动态的关系①。字词都是表达概念的。字表达的概念可以称为单字概念，复合词表达的概念可以称为复合概念，这样字词的语义关系就转化成了单字概念和复合概念之间的关系。复合概念可能是一个过去被创造的、现在已经成为规约性的概念，也可能是一个刚刚被创造的新概念。

---

　　① 以往的字词关系的研究把字放在从属性的位置，而没有从概念范畴化的角度来看待字义，割裂了字义内部的结构。受组合语义学的影响，在句法中，句子意义被认为是结构关系跟结构项的意义之和。由于词的结构关系和句子结构关系基本相同，对句子意义的认识也被拿来分析词的意义，不能分析的通常归为"另类"，缺乏深入研究。

由单字概念创造复合概念的过程，不能描述成结构整体的意义为结构关系加结构成分的意义，而必须用整体大于部分之和的观点来看待。也就是说，由两个单字概念到复合概念，这个过程的实质是概念的整合。

2.2　双音词的概念整合网络

对于前文所述现代汉语字词格局的各个特点，概念整合网络理论都能进行较好的解释。因此，本书依据该理论提出词的概念整合网络。通过这个理论模型对词义如何利用字义来建构、词义的浮现意义、词义如何受到字义的制约、词义如何影响字义等与构词法相关的问题进行解释。

2.2.1　概念整合理论简介

概念整合网络系统的理论是 Fauconnier 和 Turner（1998）提出的，他们提出了"概念整合网络"来解释在概念整合过程中的心理过程，认为"整合"是与类推、递归、心理模拟、概念范畴化、框架化（framing）等一样基本的认知能力。

概念整合理论（又称"混成空间理论"）是在心理空间理论（Mental Spaces）（Fauconnier，1985/1994）、中介空间理论（Middle Spaces）（Fauconnier & Turner，1994）基础上发展起来的。心理空间是心理学家在研究"问题解决"（problem-solving）时提出的概念。比如，在完成数学的证明题时，已知条件和要证明的内容都是给出的，解题的人的工作实质上就是在问题空间和目的空间之间建立联系。这样看来心理空间就像是在心理上为概念的归属进行划分，把一些概念归属到这样的空间，把另外一些概念归属到那样的空间，然后又在不同的空间之间为概念建立投射关系。心理空间是由框架和认知模式来建构的。Fauconnier 在他的《心理空间》（*Mental Spaces*）一书中，利用心理空间之间的投射关系，系统地讨论了自然语言中由名词的指称、代词的回指等引起的歧义问题及预设、投射等问题。

中介空间理论是在心理空间理论基础上发展起来的。在隐喻过程中，源域和目标域就是两个不同的心理空间。Fauconnier 和 Turner 在对隐喻的研究中发现，Lakoff（1987）提出的从源域到目标域的单向投射遇到很多不能解决的问题，比如，"dig one's own grave"（自掘坟墓）源域是"挖坟墓"，目标域是"在社会的某个领域，某人的行为会导致失败"，可是在"挖坟墓"这个框架中，死亡和坟墓的关系是死亡以后才挖坟墓，不是坟墓导致死亡。那么在"自掘坟墓"这个俗语中，挖坟墓导致死亡这个因果关系是从哪儿来的呢？是从目标域来的，是从目标域中"行为导致失败"这个因果关系来的。可见，"自掘坟墓"的语义既不能完全通过源域来建构，也不能完全通过目标域来建构，而需要除源域和目标域以外的另一个空间，Fauconnier 和 Turner （1994）称之为"中介空间"。

"中介空间"就是"混成空间"（blended space）。Fauconnier（1997）在《思维和语言中的映射》（*Mappings in Thought and Language*）一书中正式提出了混成空间①理论。而后 Fauconnier 和 Turner（1998）又撰文《概念整合网络》（*Conceptual Integration Network*），对该理论进行了系统的阐述。下面简要加以介绍。

输入空间（至少是两个）、混成空间和统摄输入空间、混成空间的类属空间（又译为"普遍空间"，generic space），共同构成一个网络，这个网络的目的是进行概念整合，新概念存在于整个网络之中，如图 2-2 所示。

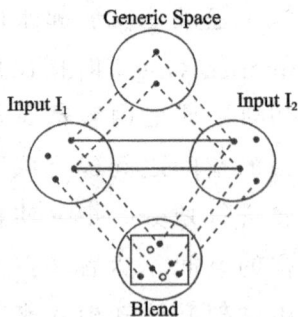

图 2-2　概念整合网络

---

① 混成空间就是概念整合网络中的核心。

他们提出，与概念整合网络最合适的类比不是化学合成，而是生物演化。他们认为，"意义"不是在任何单个空间中建构的，"意义"依赖于整个网络的配置和联结。

概念整合网络考虑的是动态的认知过程，它的核心程序是概念合成（conceptual blending），在构造上它有以下主要特点。

1. 心理空间（Mental Spaces）

图 2-2 中的圆圈代表心理空间（心理空间不是实体，是心理学界为了方便而假设的一个概念）。图 2-2 是一个最小的网络，有四个空间——两个输入空间、一个普遍空间、一个混成空间。当然也有用来构建这些心理空间的背景框架。概念整合网络可以有更多的输入空间乃至复合的混成空间（multiple blended spaces）。

2. 对应物的跨空间映射（Cross-Spaces Mapping of Counterpart Connections）

在概念整合中，存在输入空间的部分对应物联结（partial counterpart connections between input spaces）。图 2-2 中的实线代表对应物的联结。联结可以有多种类型：框架之间的联结及框架内角色（元素）的联结、同一（identity）、转变（transformation）、体现（representation）类的联结、隐喻联结等。

3. 类属空间（Generic Spaces）

当概念投射展开（unfold）的时候，两个输入空间共有的任何结构就构成了类属空间。类属空间映射到两个输入空间。类属空间定义输入空间的当前的跨空间映射。类属空间中的一个既定元素映射到两个输入空间的成对的对应物上。

4. 混成（Blending）

在合成过程中，来自两个输入空间的结构被投射到第三个空间——混成空间。类属空间和混成空间是互相联系的：混成空间既包括类属空间的类属结构，又包括更多的特殊（specific）结构，而且包括对输入空间来说不可能的结构。

5．选择性投射（Selective Projection）

从输入空间到混成空间的投射是典型的部分投射。图 2-2 中的各空间之间的虚线表示投射。图 2-2 中不是所有的输入空间的元素都投射到混成空间中。

有三项操作参与到构建混成空间——组构、成形、精修。

1）组构（Composition）

合并来自输入空间的元素，提供在各输入空间中不存在的关系。融合（fusion）是一种合并。对应物可以作为融合了的元素或单独的元素进入混成空间。图 2-2 表现了两种情况：对应物在混成空间中融合、对应物在混成空间中作为单独的元素出现。

2）成形（Completion）

混成空间（Blends）在我们没意识到的情况下募集大量背景概念结构和知识。合并了的结构通过其他结构来完成（Composed structure is completed with other structure）。最基本的募集类型是模式成形（pattern completion）。在混成空间的一个最小的合并可以通过一个更大的规约性的模式扩展完成。

3）精修（Elaboration）

扩展是根据混成空间的原则和逻辑并通过想象性的（imaginative）心理模拟（mental simulation）来发展混成空间。某些原则已经通过"成形"被引入混成空间。在扩展过程中的连续的动态的"成形"会募集新的原则和逻辑。但是新的原则和逻辑也会通过雕琢本身出现。我们可以无限地（indefinitely）"运行合成"。混成空间可以被极细致地精修。

6．浮现结构（Emergent Structure）

合并、完成和扩展导致混成空间的浮现结构的出现。混成空间包括不是从输入空间复制来的结构。在图 2-2 中，在混成空间中的方框代表浮现结构。而且混成空间中的元素可以投射回输入空间，就会导致概念的扩展。

意义不存在于某一个心理空间中,而存在于整个网络的配置和联结中。

7. 优选原则（Optimality Principles）

在形成混成空间的过程中有一些原则,这些原则可能互相竞争,最后形成优选的结果。这些原则有以下五点。

1）整合（Integration）

合成一定构建一个紧密整合了的情景（scene）,这个情景能够作为一个整体来操作。每一个空间都有整合。

2）拓扑（构造）（Topology）

对于输入空间和输入空间投射到混成空间的任何元素,最优的是混成空间中的元素间关系和它的对应物之间的关系相匹配。

3）网络（Web）

把合成作为一个整体来操作一定很容易维持网络输入空间的适当的联结,不需要额外的监控和计算。

4）拆包（分析）（Unpacking）

合成（The blend）自己必须能够让读者打开它以重建输入空间、跨空间映射、类属空间和各空间互相联结的网络。

5）好理由（Good Reason）

所有的东西都是平等的,如果某个元素在混成空间出现,就有找出它的显著性的必要。显著性包括与其他空间的相关联系和运行合成的相关功能。

概念整合网络,通过在已有概念之间建立联结,然后部分地投射到混成空间,混成空间既继承了原有概念的一些特点,又可以形成不同于已有概念的结构,按照独立的结构来运行,同时保持和原有概念的联结。我们认为,这个模型比较好地揭示了由两个已有的概念创造新概念的过程。因此,这个模型用来解释汉语词义的建构,能够揭示复合词中字与字、字与词之间复杂的关系,揭示超出语法结构义的词汇义如何与使用环境互动而产生并进入词义的过程。

　　用概念整合网络的模型来解释现代汉语复合词的语义建构有以下几个大的优势：

　　（1）四空间概念整合网络中有两个输入空间、一个混成空间，这和汉语的字词格局相当吻合。但是这不是偶然的，汉语的字词格局最大限度地保证了经济性、创新性、稳定性，这个背后的机制就是概念的创新最低需要两个来源，而且有两个来源也就足够了。这甚至在一定程度上可以解释为什么句法总是二分的。用通俗的话来讲，当我们试图把两个概念合并为一个的时候，肯定是进行了创新。但是理解话语的人，在有语境的情况下，也需要把这个创新进行拆包，而这种有两个来源的创新是最容易拆包、最容易理解的。

　　（2）网络结构可以很恰当地模拟字词关系。心理学实验表明，字和词在心理词典中既独立表征又互相有联系。在这种情况下，我们无论是单独地从词看字或者从字看词都是不全面的。字和词都有独立性。我们说字有独立性，是因为字代表着我们语言中最基本的概念。我们说词有独立性，是因为词义是非决定的（indeterminate），每个词都与特定的经验相联系。但是当我们把这些经验概念化的时候，要利用已有的概念进行概念投射。在网络结构中，处于输入空间的字义可以部分投射到混成空间，经过种种操作，词义浮现，浮现以后，也可以扎根。网络在构建时必须保证网络的通达性。混成空间还可以投射回输入空间，对输入空间进行修改。这就产生了概念的扩展，放在我们这里，就是字义发生了扩展。这和我们观察到的语言的实际是一致的。我们确实发现字义的扩展跟新词的产生是紧密相连的。

　　（3）用原型理论来处理概念这比格语法的模式有很大进步。格语法的模式是以句法和动词为中心的。框架虽然在心理学和认知科学上有独立的来源，但是在 Fillmore（1982）那里是对格语法的扩展，已经有很大的不同了。框架具有更多的结构性而且适用于更多的词类。比如，身体名词所具有的部分-整体模式，在隐喻中总要发生作用，用格语法处理为名词的格，也可以，但已经是对格语法的扩展了，已经触及格语法的不能之处了。更有说服力的例子是混成空间中的浮现结构可以有不同于输入空间的结构。比较而言，格语法像一个填空的模式，而浮现结构则解释了创新的"创"和"新"是怎么来的。

（4）容纳了隐喻和转喻。这是概念扩展中最常见的机制，在这个模型里通过跨空间映射和空间内联结解决了隐喻和转喻的应用问题。

（5）类属空间中的拓扑限制。拓扑限制是对结构恒定原则（Invariance Principle）的一个拓展。各空间应该有和类属空间一样的拓扑结构，这是对组合的一个限制。

2.2.2　双音词的概念整合网络

本书用基本的、有四个空间的概念整合网络来模拟双音词的语义建构。

首先有两个输入空间：输入空间 1 和输入空间 2；一个双音词是由两个字组成的，两个字的字义就分别可以进入输入空间 1 和输入空间 2。字义用元素和关系来描述。两个输入空间有各自的元素和关系，如图 2-3 所示。

图 2-3　词的概念整合网络示意图（一）

为了建立整个网络，两个输入空间中的元素和关系要有对应物，有了对应物才能在对应物之间建立连接。对应物之间的连接称为映射，如图 2-3，用实线表示。映射关系是由第三个空间，也就是两个输入空间以外的一个中介空间来决定的，因为这个空间反映的是映射的类型，故称为类属空间。两个输入空间中的元素或关系建立映射（用实线表示），并同时投射到类属空间（用虚线表示投射），如图 2-4 所示。

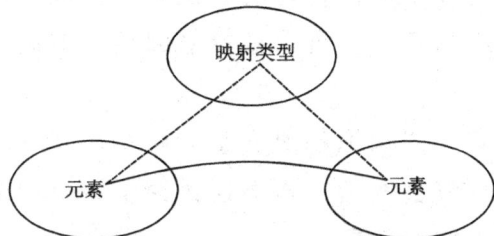

图 2-4　词的概念整合网络示意图（二）

类属空间反映了组合的类型，但是即使是同一类型的组合，也含有不同的意义。这就需要另一个中介空间——混成空间，如图 2-5 所示。

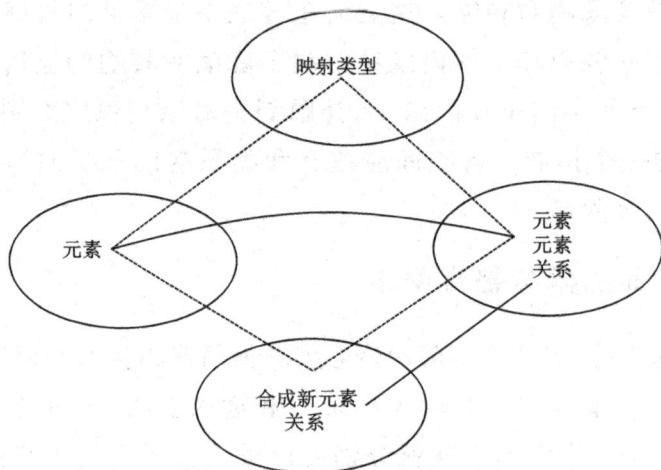

图 2-5　词的概念整合网络示意图（三）

具有对应物关系的输入空间中的元素或关系，在类属空间的指导下建立映射关系，投射到类属空间，同时投射到混成空间。投射到混成空间后，这些来自两个输入空间的元素或关系，可能融合为一体，也可能不融合。此外，两个输入空间中没有映射关系的元素，也可能投射到混成空间中来。混成空间中的元素融合与否、如何融合，以及有哪些元素或关系可以投射过来，是由目标概念即复合词来决定的。混成空间中有不同于任何一个输入空间的元素或关系，它们就会按自己的逻辑形成新的框架，形成不同于任何一个输入空间的框架，这就是浮现结构（emergent structure）。复合词的词义是由整个网络来建构的。

这个语义建构过程是可以拆包的。投射的过程是可逆的，某个元素在混成空间获得了新的意义，可以被投射回输入空间，这个过程就改变了字义。

这就是本书为字、词构拟的概念整合网络。

此外，利用概念整合网络，本书还讨论了组合中的隐喻、转喻及相关的词义对字义的影响等问题。

2.2.3　试析"树池"

下面就分析一下"树池",简要说明一下这个理论的运用。

树池这个词是指在修路的时候,把树根周围的地方空出来,四周用石头垒上,中间低于路面,以防止行人踩塌,保持土壤疏松,好让树根保持与地面的水和空气的交流。

1. 输入空间

(1)树。这个概念中的元素有以下几点:①有下位概念;②有组成部分;③有生长状态;④等等(可以参考本书第 3 章对"竹"的分析),还有一个元素"是一种栽种物,有栽种地点"。

(2)池。这个概念中的元素有以下几点:①既可以是天然形成的又可以是人造的;②有材质的区别;③有体积;④等等。此外,这个概念还是一个容器图式,即池四周高、中间低,一般用来装液体,也可以用作种植、养殖,内有种植物或养殖物等。

2. 跨空间映射

"树"的元素("树是一种栽种物,有栽种地点)和"池"的容器图式(池四周高、中间低,一般用来装液体,也可以用作种植、养殖,内有种植物或养殖物)可以建立对应关系。"树"与"池"是按照"栽种物-栽种容器"这样的关系映射的。

3. 类属空间

类属空间有"盛装物-容器"这样的关系,该关系具有普遍性。

4. 混成空间

具有映射关系的元素和空间图式从两个输入空间中投射到混成空间,并融合在一起,形成"栽种物在栽种地点(盛装物在容器内)"也就是"树在池内"这样的新框架。同时,"池"的"四周高、中间低的地方"这个元素也投射,与"树在池内"进一步融合,形成"中间有树的四周高、中间低"的地方。应该注意到这个新元素是任何输入空间中都不具备的。"树"的其他元素可以投射也可以不投射,比如,"社会地位""颜色""形态""雌雄"随着交际的需要而变化。但是"池"这个输入空间"一般用来盛装液体"则没有投射。

5. 意义浮现

（1）合并：合并与对应物的投射是同时完成的。

（2）完成：借助于背景知识，这些元素就唤起了这样的形象，即"中间有树的四周高、中间低的地方"，树种在土里，在树根周围用石头、砖等围成一个池状的结构，实际上是树根在池内，而树干、树冠在外面。

（3）扩展：树池的目的是防止践踏，保持土壤疏松，但是在有些地方，出于某种需要，露着土不能完全防止践踏，或者给行人造成不便，还可以加上一个铸铁的镂空的盖儿，或者在土的上边放一些大的圆石头，这些都是在"树池"基础上的扩展。有的地方是一棵树一个树池，有的是很多棵树一个树池。有的高于地面，有的低于地面。随着经验的增加，对"树池"的概念就越来越丰富。但是"树在池内"这样的核心内容是不会改变的。

"树池"的语义建构分析表明整个网络的各个环节对复合词的语义建构都是不可或缺的（图 2-6）。

已经有不少研究用概念整合网络理论来研究复合词问题。沈家煊（2006）用概念整合理论中的"概念压缩"解释了"脚注"这一糅合型整合词语意义的产生。田薇（2016）从概念隐喻和概念整合结合的角度"打虎拍蝇"对当下的热词"打虎拍蝇"的意义进行了分析。张丹（2014）对网络热词"土豪"进行了认知语义的分析。张念歆（2015）结合生成词库理论和概念整合理论，考察了现代汉语双音节形名复合词的物性修饰关系，发现形语素有选择地约束名语素的不同物性角色。当形语素修饰名语素的形式角色或构成角色时，语义解读过程需要补充名词；当形语素修饰名语素的施成角色、功用角色或规约化属性时，语义解读过程需要补充动词。这些研究往往是针对整个网络的某一方面进行的，缺乏对输入空间的全面分析。在双音词中，分析字义能为词义的建构提供什么是整个网络分析中十分必要的一个环节。

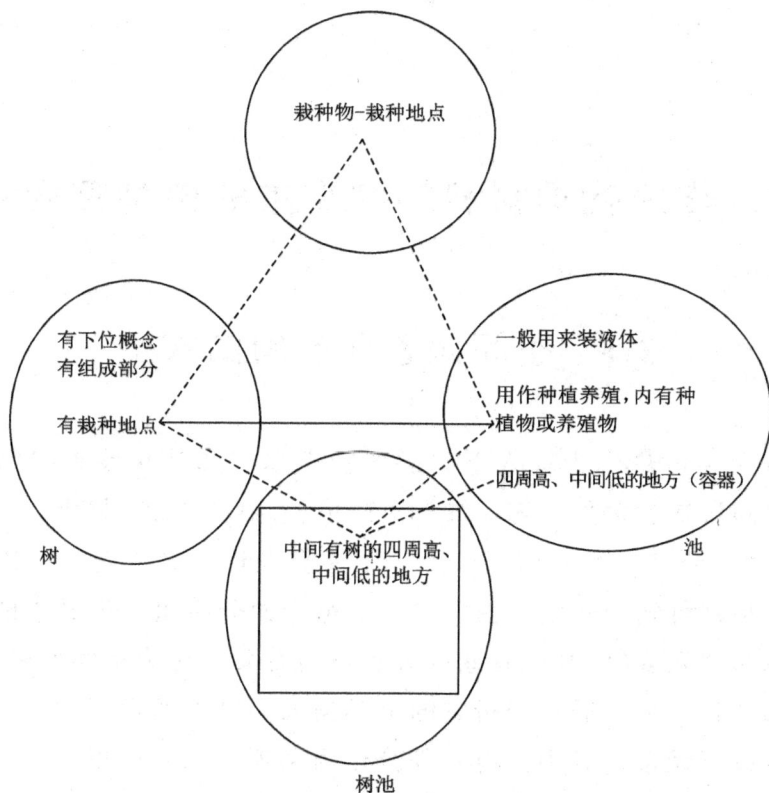

图 2-6 "树池"的概念整合网络

第3章 作为构词材料的字义中的两种空间认知

3.1 空间元素和空间图式

本节主要讨论作为输入空间的名物性单字和动作性单字字义中反映的与空间认知有关的内容。维特根斯坦（1953/1992）提出"意义即使用"。通过一个字的所有构词来反观字义会发现字义中蕴涵的内容非常丰富，它是百科知识式的。由字的全部组合而分析出的字义中的全部内容可以称为"元素"，其中有些内容和空间有关，称为空间元素。

比如"竹"字，通过分析它的全部构词，可以发现"竹"这个概念中应该有以下元素，其中只有一部分作为义项写在词典里。

（1）竹是作为一个整体、有不同组成部分的植物，如竹根、竹花、竹节、竹梢、竹叶、竹枝、竹身、竹头、竹心。

（2）竹是可以制成各种各样物件的植物，如竹书[1]、竹板、竹棒、竹鞭、竹布、竹车、竹床、竹刀、竹凳、竹笛、竹钉、竹筏、竹竿、竹杠、竹棍、竹箭、竹筷、竹筐、竹篮、竹篱、竹帘、竹画、竹笼、竹管、竹楼、竹篓、竹箩、竹门、竹排、竹签、竹墙、竹桥、竹棚、竹哨、竹扇、竹亭、竹环、竹筒、竹席、竹箱、竹椅、竹杖、竹针、竹纸、竹帚、竹桌、竹简、竹篙、竹夹、竹器、竹片、竹条、竹丝、竹马。

（3）竹是可以为其他动植物提供栖息地的植物，如竹鸡[2]。

（4）竹是可以形成一定物象的植物，如竹海、竹影。

---

① 竹书，古代无纸，在竹简上记事书写。后人称编缀成册的竹简为竹书。
② 竹鸡，亦作"竹鸡"。鸟名。形似鹧鸪而小，上体橄榄褐色，胸部棕色，多斑。多生活在竹林里。

（5）竹是可以有加工者的植物，如竹匠。

（6）竹是有不同加工方式的植物，如竹编、竹雕、竹刻。

（7）竹是有不同生长区域的植物，如竹丛、竹林、竹田、竹园、竹乡。

（8）竹是可以形成一种产业的植物，如竹业。

（9）竹是可以有不同的生长地的植物，如水竹[①]、湘竹。

（10）竹是可以有一定功能的植物，如箭竹。

（11）竹是有不同形状的植物，如修竹[②]、空竹。

（12）竹是有颜色的植物，如翠竹、绿竹、墨竹、黑竹、青竹、紫竹、棕竹。

（13）可以和某些名物并举，如木竹[③]、水竹、丝竹、竹木[④]。

（14）竹是有味道的植物，如苦竹。

字义中这些元素有些是和空间有关的，比如，竹有不同的生长地、竹有空间形状、竹有生长区域。

再来看"根"，通过分析它的全部构词，可以发现"根"这个概念中应该有以下元素：

（1）"根"有可以和它并举的植物部件，如根蒂。

（2）作为植物的一部分，"根"也有它的组成部分，是由不同组成部分构成的整体，如根毛。

（3）"根"有各种形状，是有形状的物体，如须根、直根、块根、盘根、球根。

（4）"根"也可以作为寄生地，为寄生物提供生存之地，如根瘤。

（5）"根"也可以作为原料，制成一些物体，是可加工的植物，如

---

① 水竹，❶水和竹，常借指清幽的景色。❷竹的一种。禾本科。生于河岸、湖旁、灌丛中或岩石山坡。竹材甚韧，宜劈篾编器物；笋可食。分布于我国长江流域以南各地。此处取第 2 个义项。

② 修竹，长长的竹子。

③ 木竹，❶竹的一种。❷树木和竹子。此处取第 2 个义项。

④ 竹木，❶竹与树木。❷草名。草藓的别称。见（明）李时珍《本草纲目·草七·草藓》。此处取第 1 个义项。

根雕。

　　（6）"根"有相关动作，如去根、生根、挖根、扎根。

　　（7）"根"是植物的一部分，位于植物的下部，"根"有它所属的植物整体，是某个整体的一部分，如菜根、草根、花根、树根、松根、竹根、菌根、芦根。

　　（8）"根"可以指"其他物体的下部"，如山根、墙根、城根。

　　（9）"根"可以指"某部分和其他东西连着的地方"，如舌根、票根、腿根、牙根、脖根、耳根、翼根、发根。

　　（10）"根"可以指"事物的本源"，如词根、慧根、祸根、命根、孽根、病根、穷根、字根。

　　（11）"根"可以指"根本的、彻底"，如根除、根究、根绝、根治。

　　其中和空间有关的元素是："根"有各种形状，"根"可以作为寄生地。

　　元素都是和其他元素互相依赖的。有的元素要和其他单字中的元素互相依赖。比如，"根要有空间形状"这样一个元素要和"球"这个字中的"球是一种空间形状"这样的元素互相依赖。而有的元素则在同一个单字内找到另一个互相依赖的元素。比如，"根是植物的一部分（位于植物的下部）"，"部分"是一个元素，和它互相依赖的元素是"整体"，而这个元素已经隐含在"根"这个概念中。所以"根"这个概念中存在一对互相依赖的元素"部分-整体"，在"根"这个字里面，这两个元素形成稳定的空间结构关系，这种空间结构关系不仅可以用于植物，还可以用于其他生命度很低的物体，还可以用于抽象事物，或作为逻辑推理的基础。"竹"也有整体-部分关系，但是未被图式化。这种"预包装"在"根"的字义中的"部分-整体"空间结构关系，就是空间图式。

　　字义中与空间有关的认知，可以分为两种：一种是与外在的空间形式有关的空间元素，另一种是与内在的空间结构有关的空间图式。

　　空间元素和空间图式与不同的几何范畴相对应。空间元素一般与方位、大小、形状、维度等有关，这些是欧几里得几何的特点。而整体-部分关系属于拓扑几何的范畴。方经民（2002）指出："区域（region）

是一个拓扑学的概念，是指空间整体中的一个部分。拓扑学是关于空间关系的最一般的科学，它的基础是'部分'（part）和'整体'（whole）之间的关系，或者说是'被包含在内'（being-included-in）的概念。在拓扑学里，区域的概念既指三维的体、二维的面又包括一维的线和零维的点。"在注释中他又指出，"拓扑学作为几何学的一个分支，用非数量方式所表示的空间关系来研究空间变换。但这种空间概念只涉及各种空间关系的次序，而同它们的方向、大小、形态、距离等无关。此外，拓扑性质还包括连通性、洞的个数等"。也就是说，空间元素反映的是对欧几里得几何特征的认知，空间图式反映的是对拓扑性质的认知。

这两种有差别的空间认知也出现在动作性单字的字义中。动作不同于名物，名物单字尤其是表示具体概念的，多是有形的，因此很容易感知到它们的形式属性。此外，名物也是有内在结构的，比较容易被认识到。而动作单字，即使是具体动作的概念，也是人的认知系统从连续动作中切分出来的，其本身具有稍纵即逝、一闪而过的特点，就好像在空中画一个圆儿，只能留在记忆里，并通过词汇固定下来。但是，动作也是在空间中进行的，如"深挖"，因此动作性单字中也有空间元素，但是不像名物性单字那么丰富。不过，动作性单字中更为丰富的是空间图式认知。已有的研究语言的空间图式认知的理论在英语等语言中主要是分析介词（Talmy，2000）。但是这个理论被译介到汉语学界以后，出现了不少用这些理论分析汉语动词的研究。比如，汉语的"穿"这个概念，本质上是基于"有洞"这样的拓扑特征，所以无论是衣服还是院子都可以搭配（朱彦，2010）。而英语则分为 wear、go through 两个词汇。汉语介词基本上来源于动词，这也说明二者可以有共同的图式特征。

Talmy（2005）提出了空间图式理论。他提出的图形（figure）和背景（background）的场景切分，不仅可以用来分析介词（语言封闭类），也可以用来分析那些有空间图式的名物性单字和动作性单字。实际上这部分单字虽然属于语言开放类，但是数量是有限的，可以称为语言开放类中的封闭小类。

这两种空间认知在构词时的表现是不同的。空间元素，在构词时需要的是另一个空间元素的配合。比如，"球是一种空间形状""根要有空间形状"，所以可以组合出"球根"，是按照"形状+物体"的语义关系组合的。这时，"球根"的概念框架是由"球"和"根"同时提供的。而空间图式认知，则是由反映空间图式认知的字提供框架，由另一个字对框架中图形、背景或路径的起点/终点的填充来完成组合的。比如，"跨河"就是由"跨"的空间图式提供框架、"河"来填充框架中的背景来完成组合的。空间图式认知还超越空间域的限制，成为时间、逻辑等认知域的图式，如"跨年""跨界（艺人）"等。

　　本章以对两种空间认知的差异讨论为主。在本章第 2 节对空间元素加以简要讨论，在第 4 章、第 5 章分别对名物性单字和动作性单字的空间图式认知进行讨论。

3.2　字义中的空间元素

3.2.1　名物性单字的空间元素

　　名物性单字和动作性单字所表达的概念，往往要有其空间表现，如处所、形状、方位、距离、次序等，这些可度量的元素属于经典的欧几里得几何范畴。这也是我们所说的单字字义中的空间元素。正是这些空间元素的存在，使得空间指称词（包括地名、物名、机构名）、空间描写词（包括空间形状词、空间维度词、空间方位词）（伍莹，2011）和名物性单字或动作性单字的组合成为可能。其中，常用来修饰名物性单字的，有大小、形状、场所、方向、距离、次序等空间元素（张克定，2008），常用来修饰动作性单字的，有距离、次序等空间元素。从而形成处所+物体、形状+物体、方位+物体、距离+事物、次序+物体、距离+动作、次序+动作等构词方式。空间指称词和空间描写词都可以进入修饰语的位置，在现实世界中，上述特征为每一个占据一定空间位置的物体所具备，但并不是每一个特征都可以进入构词层面。

　　首先，我们可以通过"处所+物体"这样的组合关系来发现单字字义中的空间元素。在这些组合中，前字的空间元素是"可以作为另一物体的（规约性、来源性）处所"，后字的空间元素是"可以位于或来源于某一处所"。

　　例如，城楼、手表、门牙、腰包、路障、陆军、海军、空军、宫女、北风、阿胶、汾酒、广货、建漆、杭纺、苏绣、川马、祁红、宣纸、潮绣、烟台梨、茅台酒（谭景春，2010），这是一种比较常见的构词方式。再如，山果、野果、山草、水草、野树、河柳、月桂、洋槐、国槐、山杨、胡杨、野草、山枣、水竹①、竹鸡、山杏、湘竹、草虫、根瘤、草菇、草果、果蝇、木耳、松鼠、松鸡、松萝、松茸、松菌、树藤、树蛙、树懒。

　　其次，我们可以通过和空间形状词、空间形容词等修饰语的组合情况，发现作为中心语的单字字义中的空间元素。例如：

　　（1）方凳、方鼎、方队、方巾、方块、方框、方帽、方脸、方厅、方亭、方阵、方桌、方砖、圆饼、圆葱、圆凳、圆顶、圆洞、圆骨、圆盒、圆弧、圆环、圆孔、圆脸、圆领、圆帽、圆盘、圆球、圆圈、圆石、圆筒、圆桶、圆形、圆眼、圆月、圆柱、圆锥、圆桌、尖钉、尖顶、尖端、尖椒、尖脸、尖领、尖峰、扁嘴、扁豆、弯道、弯刀、弯钩、弯角、弯眉、弯路、盘松、盘根、平原、平头

　　上述组合中的后字都有"有空间形状"这样的空间元素。

　　（2）大坝、大巴、大棒、大杯、大臂、大匾、大饼、大车、大城、大船、大床、大锤、大袋、大刀、大岛、大堤、大殿、大洞、大豆、大佛、大缸、大狗、大鼓、大褂、大锅、大海、大河、大盒、大花、大舰、大脚、大街、大炕、大坑、大楼、大陆、大马、大门、大庙、大幕、大盘、大炮、大盆、大鹏、大棚、大瓶、大旗、大墙、大桥、大球、大山、大手、大树、大蒜、大堂、大厅、大桶、大腿、大碗、大屋、大箱、大象、大雁、大衣、大鱼、大圆、大院、大枣、大灶、大钟

　　小巴、小臂、小辫、小草、小铲、小车、小城、小虫、小船、小葱、

---

　　① 水竹，❶水和竹。常借指清幽的景色。❷竹的一种。禾本科。生于河岸、湖旁、灌丛中或岩石山坡。竹材甚韧，宜劈篾编器物；笋可食。分布于我国长江流域以南各地。

小刀、小凳、小店、小蝶、小洞、小豆、小房、小褂、小孩、小号、小河、小荷、小脚、小街、小楷、小脸、小路、小锣、小帽、小米、小门、小磨、小岛、小牛、小桥、小球、小勺、小头、小灶、小枣、小猪

上述组合中的后字都有"有空间大小"这样的空间元素。

（3）高坝、高帮儿（鞋）、高凳、高峰、高岗、高跟（鞋）、高脚（杯）、高楼、高炉、高帽、高炮、高坡、高墙、高山、高台、高筒（靴）、高腰（裤）、高领（毛衣）、高原

矮凳、矮房、矮秆、矮柜、矮马、矮墙、矮树、矮松、矮屋、矮桌。

低谷、低领、低腰

长臂、长鞭、长辫、长柄、长虫、长堤、长杆、长竿、长河、长剑、长江、长街、长颈、长裤、长廊、长墙、长裙、长绒、长蛇、长袜、长线、长椅、长桌

短程、短刀、短笛、短褂、短剑、短裤、短裙、短绒、短袜、短袖、短靴、短衣

宽边、宽幅、宽脸、宽屏、宽袖

窄边、窄缝、窄幅、窄轨、窄街、窄门、窄巷、窄袖

薄板、薄被、薄本、薄饼、薄冰、薄唇、薄钢、薄皮、薄片、薄刃、薄纱、薄霜、薄纸

厚壁、厚底、厚茧、厚呢（大衣）、厚墙、厚书、厚雪

深槽、深池、深洞、深海、深涧、深井、深坑、深崖、深渊

浅海、浅井、浅水、浅滩

粗笔、粗脖、粗绳、粗铜、粗针

细流、细毛、细纱、细线

上述组合中的后字有"高/低/矮""长/短""宽/窄""薄/厚""深/浅""粗/细"这样的空间元素。在这里，我们看到空间元素的不均衡性。

最后，我们可以把通过上述分析得到的空间元素总结为某一类字、某一个字的空间元素。比如，植物类单字字义中应该包含如下的空间元素。

（1）作为寄生地，为寄生物提供生存之地，如根（根瘤），果（果蝇）。

（2）有空间形状，如根（须根、直根、块根、盘根、球根），木（薄

木、长木、方木、粗木、断木、横木、圆木），叶（小叶、阔叶、针叶），茎（根茎、块茎、鳞茎，球茎），草（寸草、小草），枣（大枣、小枣），松（矮松、盘松、塔松），树（矮树、大树、巨树、小树）。

（3）有生长地，如果（山果、野果），竹（水竹、湘竹）。

（4）有不同的方位，如枝（横枝、连枝、分枝、侧枝、旁枝）。

字义中的这些信息表达的是一个概念和其他概念之间可能存在的关系，这些关系是组合的基础。事实上，作为一个占据一定空间位置的物体，上述信息都是存在的，但是只有其中的某些元素具有分类的作用，固化成词。

3.2.2　动作性单字的空间元素

动作概念是否有空间性质？这是一个颇有争议的话题。动作总是在一定的时间中发生、发展、结束的，即使是瞬间动作，也表现为一个事件过程。因此，动作具有时间性得到普遍的认同。

可是近年来也有一些学者指出汉语动词有空间性。沈家煊（2009）提出"名动包含"，即汉语动词应该处理为名词的一个次类。王文斌（2013，2014，2015）提出"英语的时间性特质与汉语的空间性特质"，并从汉语中普遍存在的"空间形容词+单音节动词"组合现象（如"大吵、大跌、小败、高看、深耕、宽打窄用、厚待、薄礼"）论证汉语动词有空间性，认为"在汉民族的深层心理，即便是行为动作，也当做实体来看待，即把行为动作空间化"。

除了与空间形容词有关的组合以外，如低飞、深翻、深埋、深潜、深嵌、深挖、深陷、深扎、深钻、浅埋等，与动作有关的空间元素还有距离（如短跑、中跑、长跑）、远近（如跑近、跑远）、顺序（如领跑）、朝向（如倒走）、地点（如跑街、跑堂）等。

第4章 名物性单字的空间图式

4.1 Talmy 的空间图式系统理论简介

Talmy（2005，2010）提出了空间图式系统理论。该理论是在（Talmy，1983，2000）等一系列理论的基础上发展出来的。其核心思想是对空间认知中的"图形"和"背景"的区分，语言中的某些单位通过对特定"图形"和"背景"关系的概念化，来形成一些"预包装"的空间图式，以备语言使用者选用。空间图式系统的基本思想就是力图建立空间范畴和元素的列表，并通过这个列表上的有限成员，来解释语言中所有"预包装"的空间图式。Talmy（2005，2010）给出了一个包括四大类、20 种基本空间范畴、50 多个元素的列表。这个列表可以随着研究对象的特点而调整。本书遵循 Talmy（2005，2010）对空间图式研究的基本思路，对名物性单字和动作性单字进行研究，并根据名物性和动作性单字的特点调整具体的规则。

下面结合范素琴（2010）、任龙波（2014）对该理论进行简要介绍。"空间范畴涵盖物体的形状、位置、方位、分布及它们相互间的关系，包括静止、运动、距离、路径等元素。图式是指某一知识抽象的表征方式，体现为所表征事物的轮廓和概貌。""空间图式表现为具体语言中的表达式。如英语的介词和汉语的方位词。"（范素琴，2010）。Talmy（2005）认为，图式化（schematization）是选择场景中的某些方面来表征整体的过程，是运用语言对空间进行描写的基础。空间图式具有"意象化"（idealization）和"抽象化"（abstraction）两种特征。"意象化"的过程就是对细节和内容都极其丰富复杂的实例进行"提炼"（boiled down），使之适用于某些图式。比如，对物体空间外形的"点""线""面""体"进行归纳。把一个维度超过其他维度的东西看成"线"，比如"路"，我们可以说"直路""弯路"。把各个维度都相等的物体看作一个点，比如"石头"和"恒星"都被看成"点"。

"抽象化"就是具体实例为了适合某个图式，而摒弃掉事物的细节及细节上的差异，只剩下了最关键的要素，"点""线""面""体"的交接方式，如相交、相离、包围、遮盖等。"意象化"和"抽象化"过程中，语言所表现的空间特征表现了拓扑学的性质，即"形无关"（irrelevance of shape）、"量无关"（irrelevance of magnitude）（范素琴，2010）。这里的"形"和"量"是欧几里得几何意义上的。

空间图式系统包括三个组成部分——成员部分（the componential）、复合部分（the compositonal）、增益部分（the augmentive）。成员部分为空间建构提供基本范畴和元素。复合部分阐释空间元素如何构成空间图式。增益部分描述一个基本图式的变形和扩展。成员部分共四大类、20 种范畴、50 多个元素。四大类分别是场景切分范畴、与单个场景成分有关的范畴、一个场景成分与另一个场景成分之间的关系范畴、非几何范畴。

成员部分分析的基本思路如下（任龙波，2014）：

①首先进行场景切分，主要场景成分可以切分为**图形**、**背景**、**第二参照体**（加黑字即为每个范畴的元素）；②然后从维度、数、运动状态、界态、几何类型、巩固状态、物质状态等角度，对已经切分出来的单个场景进行分析；③在此基础上从相对方向、距离、分布密度、指向等角度，对场景成分之间的关系进行分析；④此外对作用力、认知情感状态、相对优先、可及性等非几何范畴进行分析。这些元素在图式中使用时发生的频率并不相同，有的常见，有的少见。

Talmy 认为，"一般而言，空间元素按特定规律'预包装'。'预包装'是不同语言文化对空间图式的基本意义约定。经'预包装'的一组元素形成由封闭语类形式表征的空间图式"。"每种语言的词库中都有一些相对封闭的预包装图式。"一个具体空间图式指向空间表达式在具体使用中的具体空间意义。说话者在描述空间场景时需要从词库"预包装的图式集合中选择图式"（任龙波，2014）。

对"图形"和"背景"的切分是整个理论的基点。Talmy（2005）提出作为表述空间意义的"图形"和"背景"具有以下特点：

> 图形是一个移动或被认为可移动的实体，它的位置、路径和方位被视作一个变量，这一变量特定的取值是关注的焦点；
>
> 背景是一参照实体，相对于某一更大的参照框架，本身具有静态的性质。背景也可称作参照物，图形的位置、路径和方位可参照背景加以描述。（Talmy，2005: 184，范素琴，2010）

本章主要从构词的角度出发，考察字的内在图式在构词中的特点。本书主要讨论"位置图式"和"容器图式"。从 Talmy 提出的"图形"和"背景"的区分来看，"位置图式"借助了表示"图形"的名物性单字来表达，"容器图式"借助了表示"背景"的名物性单字来表达。

名物性单字中并不是所有单字都有空间图式。如何发现名物性单字中的空间图式呢？本书通过语义引申的方式来提取单字概念中的空间图式。王洪君（2005b）在对比动物义场和身体义场转义模式时发现，动物义场多用"像 X 一样"的方式转义，如"猫眼""虎背熊腰"，而身体义场则主要取"与 X 关系相同"的方式转义，如"湖心""山脚"。因此，本书以"与 X 关系相同"的转义方式为提取空间图式单字的方法。

4.2　名物性单字的位置图式和容器图式

4.2.1　各单字的位置图式

位置图式指的是由于某一部分在整体中的独特位置而形成的图式，主要集中在身体、植物两个义场的部分单字上。位置图式的语义基础是特定的"部位-整体"关系由这一关系中表示"部位"的单字来表达。

王洪君（2005b）从 44 个身体义场字中，根据转义模式的不同，提取了"像 X 的关系"一样的单字。这种方法也成为本书从其他义场提取位置图式单字的方法。本书又从 23 个植物类单字中发现"根、果、枝、叶"4 个字也可以用"像 X 的关系"的方式转义。"心、口、头、皮、腿、腰、背、耳、脖、翅、嘴、脚、眼、尾、根、果、枝、叶"这些字，称为位置图式单字。

1. "头"的位置图式

身体义场中的"头"是一个具有跨语言共性的概念。"头"的位置图式，基于两种身体位置，一种是身体直立时，头在顶端；另一种是躯体与地面平行时，头在前端。这两种身体位置，成为"头"的位置图式的来源。在场景切分中，"头"是"图形"，身体的整体是"背景"。在位置图式的基础上，"头"产生了"顶端、前端"（如床头）、"首领"（如办公室的头儿）、"排在前面的"（如头雁、头车）、"物品的残余部分"（如铅笔头儿）、"用在量词或数量词前面，表示次序在前的"（如头趟、头遍）、"用在年或天前面，表示时间在先的"（如头天、头两年）、"临，接近"（头鸡叫就要起身）、"第一"（如头等、头号）等意义。可见，汉语的"头"从空间又引申到等级、时间。

"头"在图式化中也经历了"形无关""量无关"。Talmy 的"形无关"和"量无关"是针对语法成分提出的，对实义名词，还要再加上一个维度，就是"质"，即质料、材质、物质。在名词的图式化中，"质无关"是更重要的。"头"从人或动物身体的"头"到表征物体的"上端，顶部，前端，前部"，就经历了"质无关"。具体来讲，就是"图形"和"背景"两个方面都是"质无关"的。

2. "心"的位置图式

对"心"的位置图式进行场景切分，"心"是"图形"，但是与"头"的"背景"是身体不同，"心"的"背景"是躯干。"心"表达了它和躯干之间独特的"部分–整体"关系，因此才有"中心"的意思。

作为身体的一部分，"心"本身也是"形无关""量无关"的，如人的"心"、鱼的"心"、熊的"心"。"背景"也是"形无关""量无关"的。但是当"心"从人体转而指向二维平面、三维立体空间的中间位置时，最重要的是发生了"质无关"，如江心、圆心、重心等。此时"形无关"和"量无关"也进一步发展。

3. "口"的位置图式

"口"的位置图式是以"口"和身体的独特的位置关系为基础的。"口"是"图形"，"身体"是"背景"。"口"表达了它和身体之间独特的"部分-整体"关系，因此才有"容器等器物通外面的地方""出入通过的部位"的意思。

作为身体的一部分，"口"最重要的也是发生了"质无关"，从人体转向器物，如"瓶子口""碗口""枪口"。这时也发生了"形无关"和"量无关"。"形无关"和"量无关"程度进一步加深，就有"门口""胡同口""出口""入口"等用法出现。

4. "根"的位置图式

"根"是植物整体的一部分，在场景切分中属于"图形"。植物整体属于"背景"，"根"也可以表达与植物整体之间独特的"图形-背景"关系。

"根"所具有的"部分-整体"关系具有一些独特的性质，《现代汉语词典》对"根"的解释："高等植物的营养器官，分直根和须根两大类。能够把植物固定在土地上，吸收土壤里的水分和溶解水中的养分，有的根还能贮藏养料。"这是对"根"的科学解释。根据我们的日常经验，"根"还是植物体先长的部分，植物体的茎、叶、花等的发育都在"根"的发育之后，从时间关系和因果关系上来看，有了"根"才能有茎、叶、花等。"根"的这种独特的"部分-整体"关系被人们认识到并投射到其他领域，用来描述其他领域的类似关系。

"根"的基本图式里还有以下几种"部分-整体"关系，从空间关系上来看，"根"位于整体的下部；从位置和功能上来，"根"起了固定植物整体的作用；从生长顺序上来看，植物的生长顺序是从"根"开始，才有整体的其他部分。这三种"部分–整体"关系特性可以投射到其他领域，所以"根"就产生了如下几种意义。

（1）"物体的下部"，如山根、墙根、城根。

（2）"某部分和其他东西连着的地方"，如舌根、票根、牙根、脖根、耳根、翼根、年根。

（3）"事物的本源"，如词根、慧根、祸根、命根、孽根、病根、穷根、字根、发根。

（4）根本、彻底的，如根除、根究、根绝、根治。

"根"先是从与植物有关的空间关系，引申到其他物体的空间关系，又从空间域引申到逻辑域。

5. "果""枝""叶"的位置图式

"果""枝""叶"是植物整体的一部分，在场景切分中属于"图形"。植物整体属于"背景"，但是，"果""枝""叶"也可以表达它们与植物整体之间独特的"图形–背景"关系。

"果"和"树"有独特的"部分–整体"关系："果"是"树"的一部分，从生长关系上看，往往要经过一个生长过程，才会有"果"，而且生长过程中的每一个条件如果发生变化，都会影响到"果"，因此，这种独特的"部分–整体"关系投射到其他认知域，"果"又指"事情的结果、结局"，如成果、恶果、后果、结果[2]、乐果、善果、硕果、效果、因果、战果、正果。"果"也从空间域引申到逻辑域。

"枝"和"叶"都是"树"的一部分，树木总是先有干后有枝，先有干后有叶，这种独特的空间关系投射到其他认知域，"枝"和"叶"就有了"帝王贵胄的后代"这样的意思，就反映在"金枝玉叶"这样的词语中。

4.2.2　各单字的容器图式

本书从《同义词词林》找到了建筑类单字：堡、城、池、殿、房、馆、窖、井、墓、棚、圈（juàn）、塘、庭、窝、屋、窑、院、沟、巷、渠、堤等 21 个。根据转义模式，发现了"池""房""井""城"等 4 个字具有容器图式，称之为容器图式单字。容器图式单字和位置图式单字的不同之处在于，在场景切分中，容器图式单字是"背景"，用容器背景来代表整个图式。

1. "池"的容器图式

"池"和"塘"都有"池塘"的意思。例如，"鱼池"也可以说"鱼塘"。《辞源》对"池"的释义为："①城壕，护城河；②池塘，积水的坑。"《现代汉语词典》（第 6 版）对"池"的释义为：①池塘。对"池塘"的释义为："蓄水的坑，一般不太大，比较浅"。

与空间有关的图式，是具体的空间场景经抽象后形成的构型（configuration），或者是所表征事物的轮廓和概貌。"池"和"塘"在形成图式的过程中都经历了"意象化"和"抽象化"。但是"意象化"和"抽象化"的程度不同。Talmy（2005）提出从"形无关""量无关"两个角度来讨论语言所表征的空间特征的拓扑性质。

首先，"池"和"塘"都具有"形无关"的特点。二者的图式都允许形状在很大范围内变异。二者都是一个凹度很大的面，四周有遮拦。但现实中的面可以是各种各样的。可以是平的，如游泳池；可以是有坡的，比如，有的泳池底部是有坡的；也可以是凸凹不平的，比如，鱼池和鱼塘，底的平整度就要差一些。上面的开放程度也不相同，可以全开放，也可以封闭，留一个检修口，如化粪池。此外，四周的遮拦可以是各种形状的，圆的、方的、波浪形的、弯曲的，只要首尾相连就行。

其次，二者都具有"量无关"的特点，底的面积、边的长度、体积、容量等并没有一定的规定。

"池"既可以说"鱼池""泳池"，又可以说"花池""乐池"，按照《现代汉语词典》（第 6 版）的解释，这时"池"的意思是"旁边高、中间洼的地方"。而"塘"则没有这样的用法。这与二者的本义有关，"池"的本义是"护城河"，"塘"的本意是"堤"。那么，"花池""乐池"中的"池"和"鱼池""水池"中的"池"有什么不同呢?

我们还要区别"图形"的"质"和"背景"的"质"。就"池""塘"所表达的"背景"而言,二者是"质无关"的。土、水泥等任何可以围成"池""塘"的都可以。但是在"图形"的"质"上,二者就不同了。"池"也达到了"质无关"的境界,"池"的"图形"可以是"水""液体""水中的鱼",也可以与"液体"无关,变成"花"。当然,随着"图形""质无关"的程度加深,比如,"乐池"的"背景"的"质"也要随之变化。而"塘"的"图形"仍然是"质有关的",即要与"液体"有关。"池"的"质无关"的程度可以进一步加深,从具体空间到抽象空间,如"电池"。

2. "井"的容器图式

"井"的本义是水井。我们对"井"进行场景切分,"井"自身属于"背景","井"内的物体属于"图形"。和地面的参照关系为在地下。根据《现代汉语词典》(第 6 版),"井"是"从地面往下凿成的能取水的深洞,洞壁多砌上砖石"。可见,"井"本义中的"图形"是"水"。在语义引申中,"图形"场景的"物质状态"元素发生了变化,从"水"发展为"油""煤""盐"等其他从地下获取的物质,即"质无关"。也发生了"形无关""量无关"。第二参照体也可以从"地下"发展为"楼顶以下",就出现了"天井"的意思。"井"的意思也变为"形状像井的东西"。

3. "房"的容器图式

《说文解字》对"房"的释义为:"房,室在旁也。""房"的本义指正室左右的屋子。《辞源》对"房"的释义为:"古代堂内中为正室,左右为房,后泛指住室。"

"房"和"屋"在《现代汉语词典》(第 6 版)中的解释都是"房子"。"房"和"屋"与"池"和"塘"的差异在于第二参照体的指向不同。这里的第二参照体就是地面,"房"和"屋"与"池"和"塘"都垂直于地面,但是前者通常在地面以上,后者通常在地面以下。

"房"和"屋"之间的差别，也在于"质"。"房"还有"蜂房""莲房""心房"的用法，即指"结构和作用类似房子的东西"，而"屋"则无此用法。而这时的"质无关"则包括"图形"和"背景"两个方面。"蜂房"的"图形"变为"蜜蜂"，"背景"变为"蜂蜡"；"莲房"的"图形"变为"莲子"，"背景"变为"莲蓬"；"心房"的"图形"变为"流回心脏的静脉血"，"背景"变为"心脏"。

4. "城"的容器图式

《字源》对"城"的释义为："城的本义是城墙，都邑四周用作防守的墙垣。"《辞源》对"城"的释义为："城墙，城郭。"《说文解字》："城，以盛民也。"引申指城垣以内的地方，泛指一般都市、城市。《现代汉语词典》（第6版）把"城"解释为"城墙"。可见"城"本身就是容器之意。随着时代的发展，城墙的"形"变得不重要了，"墙"不见了，但是"城"仍在。

城本身是整个图式中的"背景"，城的维度是三维的，运动状态是静止的，界态是有界的，几何类型、巩固状态是不确定的，物质状态是固体，和地面是垂直的，轮廓线是不确定的，等等。"城"是"形无关"的，有些城是方方正正的，有些城是狭长的，有些城是圆的，等等。"城"是"量无关"的，长度、宽度、高度都是不确定的。那么"城"这个概念中的"图形"是什么呢？在"城"的本义中是"民"。在语义发展中，"图形"的焦点发生了变化，从泛指"民"的日常生活到专指日常生活的某个侧面，如"饮食""服装"等，这时就出现了"美食城""服装城"等组合。而"城"也就产生了"指大型营业性场所"的意义。"城"经历"形无关""量无关""质无关"完成了泛化，而"图形在容器内"的关系始终没变。

4.3　小结：位置图式和容器图式的拓扑性

本书从两个方面讨论拓扑性，即在语义变化中什么是可以变的，什么是不能变的。

　　Talmy（2005）在论述语言拓扑性时，谈到两个特点"形无关"和"量无关"，也就是说与欧几里得几何意义上的"形"和"量"无关。在欧几里得几何中，形状、角度、远近是可度量的，并且是有区别的。比如，三角形和正方形是不同的形状，但是在拓扑几何中，三角形和正方形形状的区别不重要了，而是封闭的特征最重要。比如，英语的介词 in，无论容器的"形"是什么都适用，这就是"形无关"。"量"是指可度量的维度的量。语言所表达的空间意象图式中，"量"也是无关的。比如，英语介词 across，大至宇宙空间，小至一根头发都可以选用这一构型。

　　以上发现都是针对语言封闭类的。而就本书所讨论的由实词发展出的具有拓扑意义的"空间图式"来说，更重要的是"质无关"。具有实在意义的名物性单字本来是与特定的"质"联系在一起的，如人、动物、物品等，无论是"图形"还是"背景"，都是和一定的"质"联系在一起的，当这些概念中的"质"可以发生变化时，也就是"域投射"时，"图形"或"背景"就可以表达抽象的关系了。不仅从有生命物体的空间域到无生命物体的空间域，还可以从空间域投射到时间域、逻辑域等抽象认知域。

　　而在变化中一直保持不变的是图形和背景的切分，是图形和背景的关系。比如，"图形在背景的一端"（头）、"图形在背景的根部"（根）等。这些关系，随着"质无关"的发生，从空间认知域到更为抽象的认知域成为思维的组织方式。

第 5 章　动作性单字的空间图式

Talmy 把格式塔心理学（gestalt psychology）的图形和背景引入认知语言学中。Talmy（1983）用意象图式（image schema）理论分析了语言中的封闭类如何表达空间及相关的词汇化问题。在 Talmy（2000）中，将动词放到运动事件的四个概念成分（图形 figure、背景 ground、路径 path、运动 motion）及其子系统的概念成分（路径的子系统是矢量 vector、构型 conformation、指示 deictic，其中矢量的子系统又包括起点 departure、途中 traversal 和终点 arrival）中进行分析，根据路径是单独表达还是融入动词，提出动词框架语言和卫星框架语言的类型学差异。

Talmy（2005，2010）又将其发展为对语言表达中的空间图式系统的研究。在他建立的语言空间图式系统中，他分离出基本几何特征及其表征形式，在此基础上进行复合和扩展，试图对不同语言的空间表征做出统一的描写和解释。该理论和之前的理论相比，对构型部分的描写更为丰富，系统性更强，更适合分析某一类现象。

意象图式成功地解释了很多与空间有关系的一词多义现象。在这个领域出现了大量的对英语介词的研究。这个理论被引入汉语研究中以后，除了用于分析汉语介词以外，已经有学者将其用于对单音节动作动词的分析。例如，朱彦（2010，2016）用意象图式理论对动词"穿""赶"的多义体系及意义连接机制的分析。章梦云和江桂英（2014）对动词"绕"的基于意象图式的多义解析。有些分析虽然没有用这一术语，但是也涉及了这方面的内容。例如，古川裕（2000）分析了动作的起点和终点在句法中的表现，这正是意象图式的一部分内容。本章分别对"走""跑""跳""跨""出"等进行个案分析，提出它们各自的路径特点。我们从词表中提取了"走""跑""跳""跨"的全部二字组合，以此为基础，对每个字的图式进行分析。

　　在现代汉语中，在母语者的观念中，"走"和"跑"是以速度来区别的（虽然在体育比赛中看两脚是否有同时离开地面的时间），在历史上，"走"本来有现在的"跑"的意思。词汇的形成是历史沉淀的结果，而本书的研究重点在于"走""跑"的意象图式对动宾组合的解释，故此对"走""跑"的交叉、交替和分化，本书并未进行研究。

　　"走""跑""跳""跨""出"表达了不同特点的路径，"走""跑"是"从起点到终点"的路径图式，"跳"是"从起点经由某一点到终点"的路径图式，"跨"是"同时关联起点和终点"的路径图式，"出"是"融入了容器图式"的路径图式。

5.1　从起点到终点的路径图式——走和跑

5.1.1　"走"的路径图式

1. "走"的路径图式（一）

　　走的动作特点是"人或鸟兽的脚交互向前移动"。我们用图 5-1 来表示"走"的基本空间意象图式（图中的 F 代表"图形"，即移动者）。

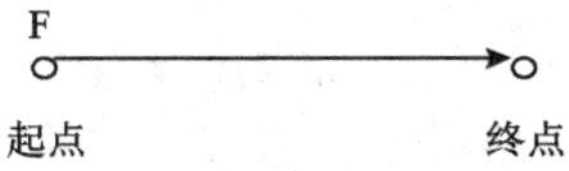

图 5-1　"走"的路径图式（一）

　　"走"的基本空间意象图式涉及：①图形；②位移起点；③位移终点；④路径和方向。可以是自移也可以是他移。

　　"走"的"图形"本来是人或鸟兽，比如，"走人"（这个门是走人的），位移是由移动物自主发出的，是自移。"图形"也可以投射到其他可以移动、运行的物体，如"走车"（北京大学的小西门是走车的门）。

2. "走"的路径图式（二）

"图形"还可以投射为可以挪动的物体，"走棋"，这时位移就是他移，即不是由"棋"发出的，而是由外力致使"棋"发生位移。"走人"（让他走人）。我们在"图形"前加符号">"来表示外动力的位移，如图 5-2 所示。

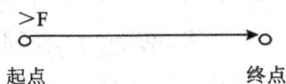

图 5-2　"走"的路径图式（二）

3. "走"的路径图式（三）

当以"走"的位移起点为观察点/取景框时，凸显起点和图形，"走"就是一个离开位移起点的动作，这时"走"就产生了"离开"的意思。我们用图 5-3 来表示。

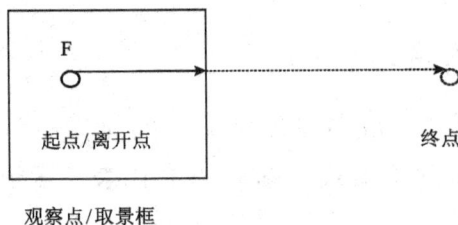

图 5-3　"走"的路径图式（三）

"图形"可以是人，或者其他可以移动、运行的物体。"起点"是现实空间中的具体地点，"走"就有"离开某个地方"的意思，这种用法在句法中更常见，例如，"我明天要走了。"如果"图形"是人，"起点/离开点"不是空间中的具体某一点，而是整个世界，"走"就指离开这个世界，这就是"死"的委婉说法。

"图形"投射为可以弥散的自然物，"走"就产生了"泄露"的意思，如"走电、走水"。

"图形"还可以投射为其他的自然物或投射到社会域，"起点"和"终点"也进行相应的投射,"走"就产生了"失去了原有的……"的意思,比如,"走味、走色、走形"是"失去了原有的味、色、形","走调/走音"是"失去了原有的音调","走眼"是"失去了原有的眼力(判断力)"。

以上"图形"的位移并不区分是自移还是他移。

同样是以"起点"为观察点/取景框,凸显路径和起点,"走"还可以表示"由某种原因而离开",这时"走"就表示另一动作的结果,"图形"可以是有生命的也可以是无生命的,范围相当广泛。"跑"也可以表示另一动作的结果,但是"图形"的生命度都是比较高的。

例如,败走、搬走、抱走、背走、逼走、拆走、抄走、撤走、冲走、抽走、吹走、窜走、带走、逮走、倒走、盗走、叼走、调走、端走、夺走、发走、放走、飞走、分走、赶走、割走、勾走、购走、刮走、拐走、裹走、轰走、划走、换走、急走、挤走、寄走、架走、捡走、叫走、接走、劫走、截走、借走、揪走、救走、卷走、开走、扛走、拉走、捞走、领走、流走、掠走、买走、拿走、撵走、弄走、挪走、爬走、排走、盘走、跑走、捧走、批走、骗走、漂走、飘走、骑走、气走、迁走、牵走、抢走、窃走、清走、驱走、取走、劝走、扫走、收走、顺走、送走、搜走、索走、抬走、掏走、逃走、套走、提走、挑走、偷走、推走、退走、拖走、挖走、吸走、衔走、押走、移走、引走、游走、约走、运走、载走、摘走、招走、征走、支走、抓走、转走、赚走、装走。

4. "走"的路径图式(四)

当以"走"的位移终点为观察点/取景框时,"走"就有了"去"的意思,如"走一趟、走娘家、走亲戚"。具体如图 5-4 所示。

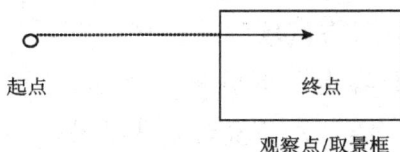

起点　　　　　　　　　终点

观察点/取景框

图 5-4　"走"的路径图式(四)

5.1.2 "跑"的路径图式

1. "跑"的路径图式（一）

"跑"的动作是"两只脚或四条腿迅速前进"。"跑"和"走"的不同之处在于由于有双脚同时腾空的时段，"跑"速度更快，但是"走"，更基本，我们用图 5-5 来表示。

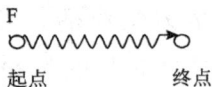

图 5-5 "跑"的路径图式（一）

图 5-5 中的 F 代表图形，即移动者，曲线代表路径，圆圈代表起点和终点。图 5-5 反映了"跑"应该有以下元素和关系：①图形；②起点；③终点；④路径和方向。

2. "跑"的路径图式（二）

如果以"跑"的终点为取景框，凸显路径和终点，"跑"就产生了"为某一目的而跑"的意思，如图 5-6 所示。

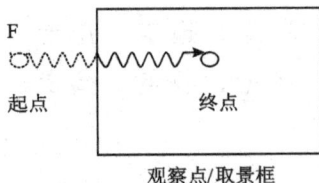

图 5-6 "跑"的路径图式（二）

比如，"跑垒、跑位"等，这时"图形"是人，"垒"和"位"都是指空间中的具体位置，是跑的终点。

如果"终点"投射到物质域和社会域，"图形"仍然是人，"跑"就产生了"为某种事物而奔走"的意思。比如，"跑官"是"为了得到官职而奔走"，"跑活儿"是"为了得到某些活儿而奔忙"，又如"跑买卖、跑材料"等。

3. "跑" 的路径图式（三）

如果以 "跑" 的起点为观察点/取景框，凸显 "图形" 和起点，"跑" 就产生了 "（迅速）离开起点（也就是原来的位置或应该在的位置）" 的意思。这时起点是已知的，方向是不定的，终点是不定的，如图 5-7 所示。

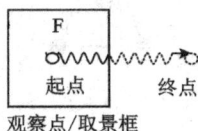

图 5-7　"跑" 的路径图式（三）

这时，"图形" 从人/动物域投射到自然物域。"起点" 可以是现实空间中的具体位置，这时，"跑" 就产生了 "物体离开了应该在的位置""液体因挥发而损耗" 的意思，这体现在 "跑气、跑水、跑油、跑电" 等词语中。

图形还可以投射到社会域，"起点" 和 "终点" 也投射到社会域，"跑" 就产生了 "离开原有的或应有的（题目、调子）" 的意思，这体现在 "跑题、跑调" 等词语中。对于自移还是他移，这时并没有什么要求。

"跑" 还可以表示其他动作的结果。这体现在 "冲跑、吹跑、打跑、带跑、放跑、飞跑、赶跑、刮跑、滑跑、急跑、惊跑、溜跑、撵跑、吓跑" 等词语中。

这时，仍然是以起点为取景框，"图形" 可以是从人/动物域投射到自然物域和社会域。由自移变他移。

总之，"跑" 的基本路径图式包括以下内容：①图形；②起点；③终点；④路径和方向。基本路径图式还可以有种种变形，比如，以起点为取景框或以终点为取景框，图形等可以进行域的投射。

5.2　从起点经由某一点到终点的路径图式——跳

5.2.1　"跳" 的路径图式（一）

"跳" 的基本义是 "（以脚猛然蹬地）使（双脚离地）人体腾空（后

自然落下）"，最基本的是"向上"的义。"跳"可以是向上，可以是向下，也可以是前后。基本路径图式如图 5-8 所示。

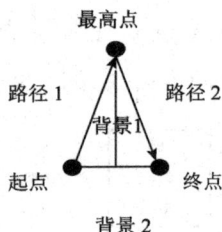

图 5-8　"跳"的路径图式（一）

图 5-8 向上的箭头表示路径中从低向高的那一段，称为路径 1；向下的箭头表示路径中从高向低的那一段，称为路径 2；起点和最高点/终点之间形成的一段距离，称为背景，起点和最高点之间形成的垂直距离是背景 1，起点和终点之间形成的距离是背景 2。终点可以和起点重合，这时背景 2 也跟它们重合，就是一点。"跳"就是相对于这一点的动作，终点也可以和起点不重合，"跳"就是相对于这一段距离的动作。但是最高点不能和起点重合，背景 1 是必有的，这也是为什么说"跳"的基本义是"向上"。

5.2.2　"跳"的路径图式（二）

当"跳"最高点成为注意的焦点时，"跳"的"向上"的意思就被强调，我们用图 5-9 来表示。

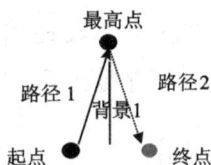

图 5-9　"跳"的路径图式（二）

这时，"跳"的"图形"可以是人或动物，起点和最高点可以是现实空间中的具体点，比如"跳高"，"跳高"是一定有回落的，但是人们关心的只是高度，对于回落的过程并不关心。起点和最高点之间形成的距离就是背景 1，背景 1 和最高点成为注意的焦点，这就是"跳高"。

"跳"的"图形"也可以投射为无生命的物体，比如，"球没气了，跳不起来了"。

5.2.3　"跳"的路径图式（三）

当背景 2 成为注意的焦点时，"跳"的向前的意思就被强调，我们用图 5-10 来表示。

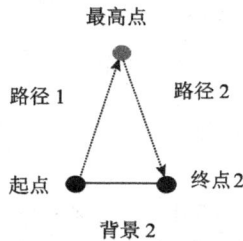

图 5-10　"跳"的路径图式（三）

这时，"跳"的"图形"是人或动物，起点和终点是现实空间中的具体点，比如"跳远"，"跳远"也是会有一定高度的，但是人们关心的不是高度，而是水平距离。

5.2.4　"跳"的路径图式（四）

当路经 2 成为注意的焦点时，"跳"的向下的意思就被强调，我们用图 5-11 来表示。

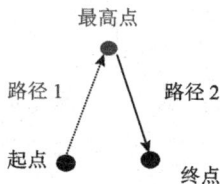

图 5-11　"跳"的路径图式（四）

路径 2 和起点成为注意的焦点，就有"跳船、跳窗、跳楼"等词；路径 2 和终点成为注意的焦点，就有"跳海、跳河、跳江、跳湖、跳水"

等词。

　　在这些动作中，路径 1 是必经的，但是并不引起注意，路径 2 也往往长于路径 1。

　　在这些词语中，"图形"即运动主体都是人。

5.2.5　"跳"的路径图式（五）

　　"跳"的起点和终点成为注意的焦点。这时，"跳"就有了从一点到另一点的意思，如图 5-12 所示。

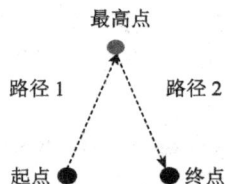

最高点

路径 1　　　　　路径 2

起点　　　　终点

图 5-12　"跳"的路径图式（五）

　　这个意思反映在"跳槽"一词中，这时，"起点""终点"是空间中的地点。

5.2.6　"跳"的路径图式（六）

　　"跳"的起点、终点和背景 1 成为注意的焦点。这时，"跳"就有了翻越的意思，如图 5-13 所示。

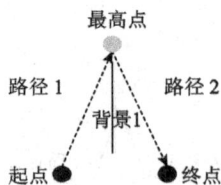

最高点

路径 1　　　　　路径 2

背景1

起点　　　　终点

图 5-13　"跳"的路径图式（六）

　　这个意思反映在"跳墙、跳绳、跳马"等词中。

5.2.7　"跳"的路径图式（七）

　　"跳"的起点、最高点、终点成为注意的焦点，这时最高点就成为从起点到终点经过而不停留的一点，这时，"跳"就有了"越过"的意思。我们用图 5-14 来表示。

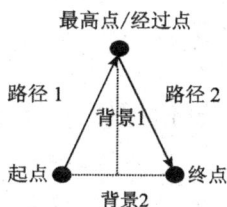

图 5-14　"跳"的路径图式（七）

这个意思反映在"跳行（hang）、跳班、跳级"等词语中。这时"图形"仍然是人，起点、经过点、终点可以是平面空间中的"行"，也可以投射到社会域。"图形"也可以投射到物体域，起点、经过点、终点仍然是空间中的具体点，如"跳棋"。

5.2.8　"跳"的路径图式（八）

"跳"不可持续但是可重复，我们用图 5-15 来表示。

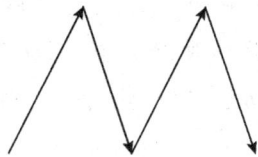

图 5-15　"跳"的路径图式（八）

有时，"跳"的终点可以回落到起点，背景 2 也可以跟它们重合，成为一点，相对于最高点来说，这点就成为最低点，"跳"就成为最低点和最高点之间往复的动作，就有了"一起一伏地动"的意思，这反映在"心跳、眼跳"等词语中。

总之，"跳"的图式中包括以下内容：①"图形"；②背景 1；③背景 2；④起点；⑤终点；⑥最高点；⑦路径 1；⑧路径 2。通过分析，我们已经看到，"跳"的"图形"本来是人，但是可以投射到物体域，起点、终点、最高点可以是空间中的点、建筑物、自然物，也可以投射到社会域中。

5.3　同时关联起点和终点的路径图式——跨

5.3.1　"跨"的路径图式（一）

"跨"是一个拱形路径。我们用图 5-16 表示。

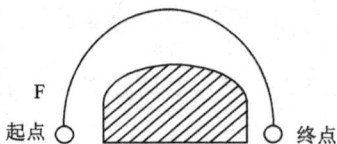

图 5-16　"跨"的路径图式（一）

《现代汉语词典》（第 6 版）对"跨"的解释是"抬起一只脚向前或左右迈（一大步）"。"跨"的本义是表示从两脚并立状态到两脚分立状态的动程。"跨"的基本图式包括以下内容：①图形，在图 5-16 中用 F 表示；②路径，在图中用弧线表示；③起点；④终点；⑤背景。背景为起点、终点和路径形成的区域，在图 5-16 中用半圆形图案表示。

在"跨"的基本路径图式（一）中，"图形"是人，起点和终点是具体的点，路径就是人的脚和腿在运动中所形成的弧形。"跨"既可以指运动结果，又可以指运动过程。此外，"跨"的路径图式也可以发生以下变形。

5.3.2　"跨"的路径图式（二）

当路径和起点、终点凸显时，"图形"从人体域投射到具体空间域或社会组织域，"跨"就有了联系两个同等级别的社会组织的意思，如跨村、跨国、跨街（天桥）、跨省、跨区、跨市、跨系、跨乡、跨校、跨行、跨州、跨洲，如图 5-17 所示。

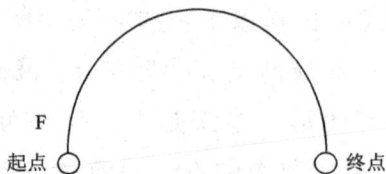

图 5-17　"跨"的路径图式（二）

5.3.3 "跨"的路径图式（三）

当路径和背景凸显时，背景可以是多种类型的物质，如跨海、跨河、跨江、跨街、跨界、跨境、跨栏、跨洋。而"图形"也可以是人体域，如跨栏的"图形"还是人体，但是"图形"也可以投射到物质域，如"大桥、天桥"等。如图 5-18 所示。

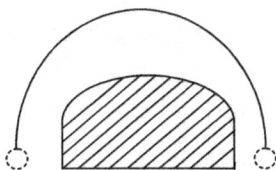

图 5-18 "跨"的路径图式（三）

5.4 融合了容器图式的路径图式——出

"出"这个概念是一个典型的容器路径图式加路径路径图式。英文中与"出"对应的词应该是介词 out。Linder & Susan（1981）通过对 600 个含有 out 的动词短语的分析表明，out 的各种用法都可以用以下三个基本的意象图式（图 5-19～图 5-21）来解释：

    John went out of the room.

    Pump out the air.

    Let out your anger.

    Pick out the best theory.

    Drown out the music.

    Harry weaseled out of the contract.

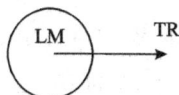

图 5-19 out 的意象图式（out1）

    Pour out the beans.

Roll out the red carbet.

Send out the troops.

Hand out the information.

Write out your ideas.

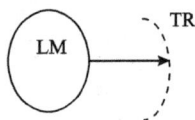

图 5-20　out 的意象图式（out2）

The train started out for Chicago.

图 5-21　out 的意象图式（out3）

　　Linder 的分析指出了对于很多看似孤立的义项可以通过路径图式来解释它们之间的联系。out 的三个意义都可以分析为容器与路径图式的变形与组合。其中，out1 是核心义项，out2 和 out3 是对 1 的变形。虽然中文的"出"与英文的 out 具有很强的对应关系，都可以解释为容器路径图式与路径图式的组合，但是两种语言在如何演绎这种组合时表现出很大的不同。①

5.4.1　"出"的路径图式（一）

　　《字源》对"出"的释义是"从里面到外面（跟入相对）"，在这个概念里包括图形、背景 1（容器本身）、路径和背景 2（容器的环境）。我们用图 5-22 来表示，其中的方框代表背景 1，箭头代表路径，小圆圈代表图形，大椭圆代表容器的环境（背景 2）。因为"出"代表的是一个容器路径图式，"背景"对应于容器的边界，"图形"对应于运动的物体，"路径"对应于运动的方向。需要注意的是，路径图式表示的是抽象的语义结构，在某种程度上是一个心理概念。

　　　　———————————

　　① TR（射体）和 LM（路标）分别相当于本书中的图形和背景。

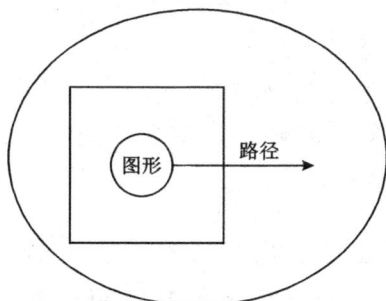

图 5-22　"出"的路径图式（一）

5.4.2　"出"的路径图式（二）

当路径和背景凸显时，"图形"及容器的环境都不凸显。我们用实线表示路径和背景，用虚线表示"图形"和容器的环境。在图 5-23 里，路径是明确的，"图形"和背景是必有的。背景的样子、材质等都没有规定，"图形"是有生命的还是无生命的也没有规定，"图形"和背景接触或不接触都可以。

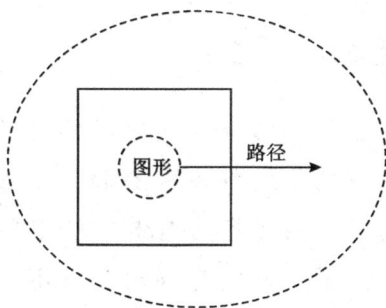

图 5-23　"出"的路径图式（二）

a 出笼、出炉、出门、出栏、出圃、出院、出境、出界、出土

b 出厂、出国、出口

c 出列、出轨

d 出格、出圈

e 出线、出局

f 出阁、出家、出山

g 出师、出徒

h 出色、出奇、出众

i 出伏、出九、出梅、出蛰、出月

j 出处、出典

在 a 组词"出笼、出炉、出门、出栏、出圈、出院、出境、出界、出土"中，背景是有形的而且是边界明确的。在 b、c、d、e、f 组词中背景虽然也可以是有形的、边界明确的，但是这些概念都可以从空间隐喻到社会关系中，指社会中的范围或约束。在 g 组词中，背景是无形的，指师徒关系上的约束。"约束是容器"是一个隐喻，因为容器对容纳物可以施加力，而一旦容纳物脱离了容器，也就摆脱了容器可能施加的力。在 h 组词中，背景也是无形的，指社会竞争中的约束，这里也有一个隐喻，就是社会是容器。比如，我们会说"社会是个大染缸"，个人是社会中的容纳物，而边界则是周围的人。在 i 组词"出伏、出九、出梅、出蛰、出月"中，背景是时间词，是从空间域到时间域的隐喻。

5.4.3 "出"的路径图式（三）

还有一种情况是路径和图形成为注意的焦点。这时，背景及容器的环境都不凸显。我们用实线表示路径和图形，用虚线表示容器和容器的环境。在这个路径图式里，路径是必有的、明确的，图形是必有的，但是是不明确的。图形的样子、材质等都没有规定，图形是有生命的还是无生命的也没有规定，图形和背景是否接触，也没有规定（图 5-24）。

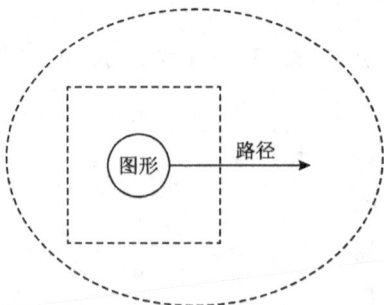

图 5-24　"出"的路径图式（三）

　　a 出头、出面、出气、出力、出血

　　b 出苗、出芽

　　c 出丑、出风头、出尖、出名、出缺、出典、出版、出岔子、出乱子、出毛病、出事、出险、出洋相、出榜、出价、出份子、出血、出资、出品

　　在 a 组词中，"图形"的生命度比较高，是人体的一部分。b 组词的"出苗、出芽"生命度比 a 组词低，是植物。c 组词的生命度最低，是没有生命的物质或事件。

5.4.4　"出"的路径图式（四）

　　路径和容器的环境也可以成为注意的焦点。我们用实线表示路径和容器的环境，用虚线表示"图形"和容器。这时路径是必有的、明确的。容器的环境是必有的，但不是明确的，可以是具体的，也可以是虚拟的空间。这时"出"就有了"出现、来到"的意思（图 5-25）。

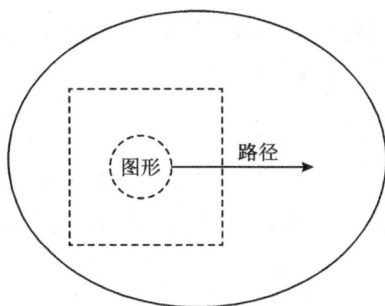

图 5-25　"出"的路径图式（四）

　　a 出场、出海、出世、出庭、出洋、出阵

　　b 出道、出台

　　c 出席

　　a 组词的"背景"是具体的。b 组词的"背景"也从具体的空间域投射到抽象的社会域。c 组词的背景的意义发生了转喻，以部分代整体，用"座位"来指代"现场"。

5.4.5 "出"的路径图式（五）

"路径"也可以单独成为注意的焦点。容器、容器的背景都进一步被模糊掉了。这时"出"只表示运动的方向"向外"，如图 5-26 所示。例词如下。

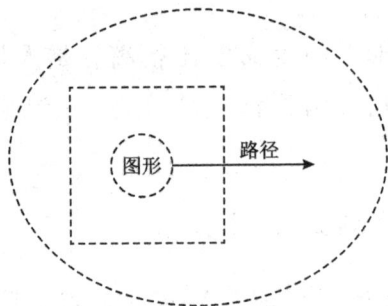

图 5-26 "出"的路径图式（五）

　　　　a 出奔、出倒、出动、出顶、出航、出击、出继、出嫁、出具、出猎、出卖、出聘、出让、出任、出生、出示、出首、出售、出逃、出巢、出脱、出亡、出行、出巡、出演、出游、出展、出战、出诊、出征、出走、出租、出现、出产、出发、出去、出来

　　　　b 出丧、出车、出乘、出操、出差、出工、出马、出仕、出言、出语、出殡、出勤、出师、出兵[①]

　　　　c 跑出、走出、跳出

5.4.6 "出"的路径图式（六）

还有一种情况是路经的终点成为注意的焦点。运动终点受到注意是非常自然而且普遍的一种现象。因为人们在观察一个运动物体的时候，总是习惯追随它的路径，一直到运动的终点。这时的"出"表示显露、完成，如析出、演出、展出、输出、娩出、发出、付出、支出、看出、

---

① "出师出兵"可以作两种分析，一种是"师""兵"转类表示动作，另一种是整体转义。

拿出、做出、革出、退出、脱出、超出等。

框架中的其他元素会在更上一级的组合中被激活。比如，"挥"的框架中并没有容器，但是"魔术师一挥手就挥出一只白鸽来"，"白鸽"就是"出"的"图形"，如图 5-27 所示。

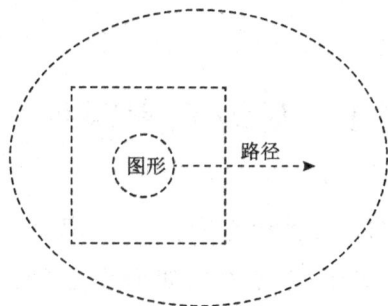

图 5-27 "出"的路径图式（六）

5.5 小结：路径图式的拓扑性

本书还是从语义变化中可变的和不变的两个方面来分析路径图式的拓扑性。

动作性单字的概念中总是有名物性概念参与的，图形和背景都是由名物性单字承担的。Talmy（2000，2005）在讨论语言拓扑性时提出的"形无关""量无关"其实都是针对参与图式的名物性成分的，因此，这两条在这里也适用。此外，本书在第 4 章指出的"质无关"在这里也适用。"走、跑、跳、跨、出"本来都是人的动作，"图形"都是人，但是都可以降低生命度，从人到物，从有形的物体到无形的物体（如跑气）。背景可以从具体的物体到抽象的事物（如出局）。也就是说，"形""量""质"都是可变的。而不变的是图形相对于背景的运动路径和方向，并从空间认知域发展到时间、事件、逻辑等其他抽象认知域，成为认知的组织方式。"走、跑、跳、跨、出"中，"出"是路径动词，"走、跑、跳、跨"是方式动词，但是融合了路径。

第 6 章　词义复合中的互为框架

6.1　互为元素映射

从字义分析出中空间元素和空间图式，那么当字和字组合成词的时候，就转化成了空间元素或空间图式如何组合的问题。这一步"转化"是非常重要的。当对字义做了细分以后，再谈字和字如何复合成词的时候，就不必把字义当做一个囫囵的整体，相反可以充分利用细分的结果，来讨论字义中是哪一部分参与到了新的组合中，是如何参与的、参与的结果怎样。

这里首先应该明确一点，从认知角度的概念整合网络可以看得很清楚，字义和字义复合成词义的时候，不是字义的全部参与到词义中去，而是字义的某一部分（某些对于元素或结构的认知）参与到词义中去。这是一个非常重要的认识。词义构建的过程往往是先根据从经验中浮现的概念义（词义）确定整体词义的名或动等大类，然后选字：从一个字中取这个字的字义的一部分内容，再从另一个字的字义中取一部分内容，二者按照新的关系组合，这时新的语义就产生了。

按照一定的规则，同时分别从两个字取出的那部分内容可以称为"对应物"，"对应物"之间具有互相映现的关系，称为"映射"，"映射"是双向的关系。在词的概念整合网络里，"映射"是由"类属空间"决定的，也就是说，映射的规则是由类属空间来处理的。

换言之，两个字组合时，首先要在两个字中找到对应物，并确立对应物的映射关系。对应物的跨空间映射是字和字组合时的核心问题之一。当概念投射展开的时候，两个输入空间共有的任何结构就构造了类属空间。类属空间映射到两个输入空间。它定义输入空间之间的当前的跨空间映射。类属空间中的一个既定元素映射到两个输入空间的成对的对应物上。也就是说映射规则反映的是两个字的共有结构，或者说两个字的共有结构决定了它们之间的映射。共有结构应该是有客观基础的认知的结果，是主客观结合的。

当一个新概念要选取两个字来表达时，首先要确定复合时的框架。两种最常见的框架是互为框架和单边框架。互为框架就是新词的框架是由两个成分（即这里的字）组合在一起形成的。单边框架就是新词的框架，主要是由其中的一个成分提供的，另一个成分只是来填充这个框架中的空位。

如果是以空间元素和空间元素为对应物，这时框架是由两个成分组合在一起形成的，是互为框架。如果是以空间元素和空间图式中的空位为对应物，这时框架是由空间图式提供的，是单边框架。

单边框架和互为框架的映射方式是不同的。互为框架是"互为元素"映射，映射关系是元素与元素互填的关系，在定中、状中结构中最为常见。单边框架是"空位填充"映射，是元素填入空间图式中某个特定位置，在述宾式结构中最为常见，同时在名物性单字的转喻、隐喻引起的拓扑结构中，这种情况也很常见。

在某种程度上，认知模式是语言成分"复合"的基础，它揭示了两个输入空间的共有关联。而且，认知模式的类属空间更强调两个输入空间对应元素的具体共有关联，如"栽种物"与"栽种地"，"物体"与"物体颜色"等。类属空间的映射关系，不仅有抽象结构关系，还有具体的语义关系，两者在同一个网络系统中处理，因此很好地说明了字义对结构语义关系的限制。

"互为元素"映射中，两个输入空间中的对应元素具有互相依赖性，比如，"栽种物"和"栽种地"是互相依存的一对概念。在这些互为依存的成对概念中，A 概念是 B 概念的语义构成要素之一；反过来，B 概念也是 A 概念的语义构成元素之一，因此，这些互相依存的概念之间的映射关系就形成了"互为元素"映射。

"互为元素"映射是对百科知识开放的，也是对空间知识开放的。与空间相关的和名物性单字相关的互为元素映射有：处所-物体（手表）、形状-物体（圆盒）、方位-物体（东门）、维度-物体（长矛）。与动作性单字相关的互为元素映射有：距离-动作（长跑）、维度-动作（深潜）、远近-动作（远攻）、顺序-动作（领跑）、朝向-动作（倒走）等。

　　虽然可以总结出这些抽象的映射关系，但是我们也发现，这些映射关系有些并不能类推。这与义类、概念层级都有关系。

6.2　义类和层级对组合的制约

6.2.1　义类对组合的制约

　　王洪君（2010）根据对不同义场的同级概念"锅""碗"的搭配前字（即属性成分）的比较发现，可以把属性分为三大类：①偶分型属性，特点是共用的属性特征一致，共用的具体属性也基本一致，即这些属性集合内部是封闭、偶分的，通常只有两个选择，如大小、厚薄、粗细（质量）、好坏、单双、深浅（这些属性都是相对于"锅""碗"而言）。②多分型可选属性，特点是共用的属性特征一致，但对具体属性的选择却有相当大的差异，如颜色、部件、产地、质料、制作方式、临时状态等属性，即这些属性集合内部是封闭、多分的。③终用属性，特点是具体属性的选择完全不同，即这些属性集合是开放的。比如，"锅"的终用属性选择了"烹调方式/烹调对象/烹调介质"三个下级具体属性，而"碗"的终用属性却只选择了"盛装物"一个下级具体属性。对名词前属性词的偶分型属性、多分型属性、终用属性（用途属性）的划分解释了"锅""碗"和前字的语义组合的共性和差异。

　　本书用王洪君（2010）的方法，将研究对象扩展到"花、鸟、鱼、虫、树"义场。"花"义场中包括单字"花、菊、梅、兰"，"鸟"义场中包括单字"鸟、鸥、雀"，"鱼"义场中包括单字"鱼、鳖、鳄、鲫、鲸、鲤"，"虫"义场中包括单字"虫、蛆、螟"，"树"义场中包括单字

"树、椿、槐、榆、柏、杨、桂、桑、柳、松、枫、桦、榕、杉、桐、橡、樟、棕、檀"。

语料①是以下定中结构的词语：

X+花等：暗花、白花、白花、残花、茶花、春花、雌花、雄花、大花、稻花、干花、槐花、黄花、假花、菊花、兰花、蓝花、莲花、柳花、芦花、梅花、鲜花、香花、紫花/白菊、雏菊、翠菊、金菊、墨菊、秋菊、野菊、白梅、刺梅、寒梅、红梅、黄梅、腊梅、墨梅、青梅、白兰、吊兰、墨兰、幽兰。

X+鸟等：巨鸟、小鸟、死鸟、幼鸟、雌鸟、母鸟、雄鸟、种鸟、洋鸟、海鸟、恶鸟、凡鸟、珍鸟、鸥鸟、雀鸟、白鸟、黑鸟、倦鸟、群鸟、杂鸟、众鸟、孤鸟、绒鸟/白鸥、海鸥、沙鸥、山雀、云雀、家雀、麻雀、黄雀、朱雀。

X+鱼等：大鱼、小鱼、活鱼、死鱼、幼鱼、雌鱼、母鱼、雄鱼、海鱼、河鱼、江鱼、塘鱼、怪鱼、好鱼、臭鱼、彩鱼、剑雨、干鱼、冰鱼、肥鱼、群鱼、腊鱼、熏鱼、糟鱼、醉鱼、醋鱼/白鲸、灰鲸、蓝鲸、虎鲸、须鲸、锦鲤。

X+虫等：病虫、菜虫、草虫、长虫、成虫、臭虫、雌虫、大虫、毒虫、飞虫、害虫、蝗虫、甲虫、精虫、懒虫、毛虫、囊虫、腻虫、爬虫、瓢虫、青虫、秋虫、蛆虫、蠕虫、线虫、小虫、雄虫、益虫、幼虫、原虫/船蛆。

X+树等：大树、巨树、小树、活树、死树、矮树、古树、老树、雄树、雌树、胶树、街树、路树、野树、宝树、嘉树、名树、奇树、神树、圣树、异树、珍树、香树、桂树、椿树、槐树、桑树、柳树、松树、榆树、柏树、杨树、枫树、榕树、杉树、橡树、樟树、桦树、国树、市树/香椿、臭椿、洋槐、国槐、白榆、刺柏、侧柏、翠柏、黄柏、古柏、山杨、白杨、黄杨、胡杨、青杨、金桂、河柳、垂柳、绿柳、翠柳、红柳、怪柳、沙柳、弱柳、矮松、盘松、塔松、白松、苍松、红松、赤松、幼松、奇松、冷杉、水杉、云杉、秃杉、油桐、油棕、香樟。

---

① 各组例子中斜线前为基本层次范畴，斜线后为下义层次范畴。

对定中结构的前字（属性成分），本书沿用王洪君（2010）的分类方法，用偶分属性、多分属性和终用属性进行分析。

本书发现了以下几种情况。

1. "花""鸟""鱼""虫""树"与前字属性搭配的异同

"花""鸟""鱼""虫""树"分属植物、动物两个义场，同属"自然物"之"有生物"这一义场，我们发现共享的搭配前字比较多，具体体现在以下几个方面。

1）偶分属性

（1）大小，如巨鸟、小鸟、大树、巨树、小树、大鱼、大虫、小虫。

（2）雌雄，如雌鸟、母鸟、雄鸟、雄树、雌鱼、母鱼、雄鱼、雌虫、雄虫。

（3）老幼，如幼鸟、古树、老树、幼鱼、幼虫。

（4）死活，如死鸟、活树、死树、活鱼。

（5）气味，如香树、臭鱼、臭虫。

这些属性的特点，一是属于"花""鸟""鱼""虫""树"所共享的实体域高层义场层级的属性，二是属性的下级成员为偶分性的封闭集合，虽然具体用词略有不同，比如对"公、母""雌、雄"的选择不尽相同，但仍然是偶分的。

2）多分属性

（1）颜色，如白鸟、黑鸟、碧树、苍树、翠树、彩鱼、青虫、白花、白菊、黄菊、墨菊。

（2）空间位置/产地/来源，如洋鸟、海鱼、河鱼、江鱼、塘鱼、海鸟、菜虫、街树、路树、野树、草虫。

（3）形状和样态，如倦鸟、群鸟、杂鸟、众鸟、病树、腐树、枯树、歪树、危树、壮树、剑鱼、杂树、干鱼、冰鱼、飞鱼、肥鱼、群鱼、孤鸟、飞虫、线虫、蠕虫、甲虫、毛虫、囊虫、长虫、爬虫、刺梅、飞花。

（4）评价，如恶鸟、凡鸟、娇鸟、奇鸟、神鸟、异鸟、珍鸟、宝树、嘉树、名树、奇树、神树、圣树、异树、珍树、怪鱼、好鱼、害虫、益虫。

（5）小类，如鸥鸟、雀鸟、柑树、桂树、椿树、梅树、杉树、柿树、杏树、皂树、枞树、柚树、桦树、桧树、楝树、椴树、橘树、鲤鱼、鲩鱼、鲷鱼、蝗虫。

这一类属性也用于搭配"花""鸟""鱼""虫""树"所共享的实体域义场层级，但是对属性的选择差异很大，与第一类区别明显的是，这就是这一类属性的下级成员为多成员的集合，甚至是开放性的集合，而不是偶分型的。

3）终用属性

终用属性的差异比较大，终用属性反应的是"花""鸟""鱼""虫""树"的特定功用，比如，"胶树"是指树的功用，"种鸟"是指鸟的功用，"病虫"也是指虫的功用（指植物上致病的虫）。而相比于"树""鸟"，"鱼"的功用是"吃"，因此，加工方式成为突出的特点，如"腊鱼、酥鱼、熏鱼、糟鱼、醉鱼、醋鱼"等。

2. "有生自然类"和"人造器皿类"和前字属性搭配的异同

和王洪君（2010）的"锅""碗"类相比，可以发现"有生自然类——花、鸟、鱼、虫、树，虫"和"人造器皿类——锅、碗"的属性在上述三个方面的异同。

1）偶分属性的差异

"有生自然类——花、鸟、鱼、虫、树，虫"所涉及的属性是大小、雌雄、老幼、死活、香臭、真假。

"人造器皿类——锅、碗"所涉及的属性是大小、厚薄、粗细（质量）、好坏、单双、深浅。可见，"大小"是共有的，因此我们可以把"大小"设为具有广泛适用性的属性。而"雌雄、老幼、死活、香臭"是"有生"的专属特点，"厚薄、粗细（质量）、单双、深浅"是器皿的专属特点。

2）多分属性的差异

"有生自然类——花、鸟、鱼、虫、树"所涉及的属性是颜色、空间位置/产地/来源、形态、评价。"人造器皿类——锅、碗"所涉及的属性是颜色、部件、产地、质料、制作方式、临时状态。可见，"颜色"是共有的，因此我们可以把"颜色""空间位置/产地/来源"设为更高一级的属性。"形态、小类"是"有生自然类——花、鸟、鱼、虫、树"专属的，"部件、质料、制作方式、临时状态"是"人造器皿类——锅、碗"专属的。

3）终用属性的差异

根据王洪君（2010）的观点，"锅"的终用属性选择了"烹调方式/烹调对象/烹调介质"三个下级具体属性，而"碗"的终用属性却只选择了"盛装物"一个下级具体属性。本书发现，"树"的功用属性是"产出物"一个下级属性，如"胶树"；"鸟"的下级属性是"繁殖"，如"种鸟"；"鱼"的下级属性是"作为食物的加工方式"，如"腊鱼、熏鱼、糟鱼、醉鱼、醋鱼"。在这一方面，不仅自然物和人造物之间有较大区别，人造物、自然物内部小类之间也有较大区别。

6.2.2　概念层级对组合的制约

此外，概念层级对组合也有制约。

认知语言学的范畴化理论有两个经典的理论，一个是原型范畴理论，另一个是概念层级理论。Rosch（1976）、Croft 和 Cruise（2004）对范畴进行了等级的划分，提出了基本层次范畴、上义层次范畴和下义层次范畴的区分。其中，最重要的就是基本层次范畴，属于基本层次范畴的事物是人类与之相互作用最多的事物，它的概括程度介于抽象和具体之间。Lakoff（1987：46）对基本层次范畴的特点进行了如下描述（吴为善，2011）。

（1）可以感知范畴成员相似外形的最高层次。

（2）能通过一个心理意象反映整个范畴的最高层次。

（3）人们采用相似运动神经操作与范畴成员相互作用的最高层次。

（4）主体能够以最快的速度确认范畴成员的层次。

（5）范畴成员最经常使用的层次。

（6）儿童命名和理解的第一个层次。

（7）最先进入语言词汇的层次。

（8）在拼写上具有最短的基本词项（lexemes）的层次。

（9）词汇在中性语境下使用的层次。

（10）我们的绝大部分知识得以组织的层次。

Taylor（1989）提出，基本层次范畴具有凸显性，人们在没有必要描述细节时必然选用基层范畴词，没有特别原因时，人们总是在基本层次上讨论问题。

吴为善（2011）从基本层次范畴的角度，提出了词语组合的四条原则，即同一层次范畴组合的优选性，基本层次范畴下向组合的合理性，下位层次范畴上向组合的限制性，基本层次与上位层次的不可组性。

汉语中自然存在着一种可供我们确定概念层级的构词现象，即"下位概念+上位概念"，如"鲤鱼""椿树""鸥鸟""蟆虫"，这些词语中，前字是下位概念，后字是上位概念。

根据 Lakoff（1987：46）的十条标准，可以确定上述"上位概念"属于基本层次范畴，"下位概念"不属于基本层次范畴，应该属于下义层次范畴。因此，可以把本书中涉及的"上位概念"（即"花、鸟、鱼、虫、树"）称为"基本层次范畴"，把本书中涉及的"下位概念"（即"菊、鸥、鲤、椿"等）称为"下义层次范畴"。"基本层次范畴"和"下义层次范畴"在单音节的范围内共同存在，为不同概念层级的字的组合差异比较提供了方便。

把前面的分析细分到不同的概念层级，得到表 6-1（分别用"+""–"来表示搭配的有无）。

表 6-1　不同属性与不同概念层次范畴搭配表

前字	后字	
	基本层次范畴 （"花、鸟、鱼、虫、树"义场）	下义层次范畴 （"花、鸟、鱼、虫、树"义场）
偶分属性	+	–（香椿、臭椿、香樟三例例外）
多分属性	+	+
终用属性	+	–（油桐、油棕两例例外）

偶分属性的"大/小""雌/雄""香/臭""真/假"等偶分属性和基本层次范畴、下义层次范畴的组合差异较大，基本层次范畴"花""鸟""鱼""虫""树"都能与偶分属性组合，而同义场的下义层次范畴几乎不能和"大/小""雌/雄"搭配，除"树"义场的"幼松、香椿、臭椿、香樟"四例以外，亦不能与"老/幼""香/臭"搭配。

多分属性的"颜色""产地/位置/来源""形态"等多分属性和基本层次范畴、下义层次范畴的搭配没有明显差异，较具有普遍性。

"鸟""鱼""虫""树"义场的基本层次范畴都可以与表示终用属性的单字搭配，如"种鸟""腊鱼、熏鱼、糟鱼、醉鱼、醋鱼""病虫""胶树"。下义层次范畴中仅有"油桐、油棕"两例。所以终用属性基本上是与基本层次范畴搭配的。

也就是说，偶分属性、终用属性都更倾向于与基本层次范畴搭配，而多分属性与基本层次范畴、下义层次范畴都能搭配。

6.2.3　概念层级和义类对组合的交互制约

根据前面两个部分的对比，可以看到概念层级和语义类属对语义组合的交互制约有如下几个方面。

（1）偶分型属性更倾向于修饰"基本层次范畴"，而非"下义层次范畴"。例如，可以说"大树"，一般不说"*大椿"；可以说"雌鸟"，一般不说"*雌鸥"）。

（2）偶分型属性中的"大/小"具有在基本层次范畴上的跨义场的普遍性。此外，"雌雄、老幼、死活、香臭、真假"是"有生"的专属特点，"厚薄、粗细（质量）、单双、深浅"是器皿的专属特点。

（3）多分型属性具有跨层级的普遍性，既能修饰"基本层次范畴"，也能修饰"下义层次范畴"。

（4）多分型属性中的"颜色""空间位置/产地/来源"具有跨层级且跨义场的普遍性。

（5）终用属性更倾向于修饰"基本层次范畴"，而非"下义层次范畴"，如"胶树""腊鱼、熏鱼、糟鱼、醉鱼、醋鱼""种鸟"，下义层次范畴中仅有"油桐、油棕"两例。终用属性则普遍具有跨义场的差异性。

　　本书的研究也表明修饰语和名词一样，具有概念层级的差异性。

　　其中，与空间有关的是：空间形容词"大/小"，具有跨义场的普遍性，但是跟基层概念组合更常见。"空间位置/产地/来源"，不仅具有跨义场的普遍性，也具有跨层级的普遍性。"大/小"是通过比较后才能得出的，因此一般只与基层概念组合。"空间位置/产地/来源"是无需比较的，也是物体比较普遍的属性，因而具有跨层级的普遍性。

　　以上是义类和层级对互为元素映射的制约。

第 7 章　词义复合中的单边框架

空间图式具有为语言提供架构（scaffolds）或骨架（skeleton）的作用。单字字义中的空间图式被激活并投射到混成空间时，该图式就会成为词语的框架。由于这个框架是由一个单字提供的，因此称为单边框架；另一个成分只是来填充这个框架中的空位。单边框架是"空位填充"映射，是元素填入空间图式中某个特定位置，在述宾式结构关系中最为常见，同时在由于名物性单字的转喻、隐喻引起的拓扑结构中，这种情况也很常见。

7.1　对单边框架的"元素填位"映射

"元素填位"映射是一个元素是另一个在特定关系框架中占据特定位置之元素的填位映射，例如，"起点"和"楼"，"起点"是处于某个特定关系框架的特定位置上的、反映一个非常抽象的概念的元素。首先，处于不同的关系框架，"起点"元素与其他元素的关系不同，如"跳"的起点与"出"的起点在关系框架中与其他元素的关系不同。其次，"起点"可以是具体的任何一点，可以体现为"楼"，"楼"可以充当起点，也可以是其他别的什么，具体选择什么是由经验是否"浮现"出新的概念而决定。反过来也一样，"楼"的语义要素中也并没有"起点"这个要素。总之，"起点"和"楼"之间并没有概念相互依存的关系，它们之间的映射关系就是"楼"是对"起点"这个关系位的填位映射。

"元素填位"型映射有两种情况：第一种是对名词框架的元素填位，包括对"位置图式"的"背景"元素进行填位，对"容器图式"的"图形"进行填位；第二种情况是对动词框架的元素填位，分别对"图形"

"背景""起点""终点"等进行填位。名词框架中"图形""背景"关系是静态的，动词框架中"图形""背景"关系是动态的。

7.1.1　对名物性单边框架的填位映射

1. 对"背景"的填位映射

对"背景"的填位映射出现在以"位置图式"为框架的构词中。比如，"头雁"中"头"和"雁"的关系是这样建立的："头"是位置图式"在整体中处于前面的部分"，"雁"表示的是"雁队"，"头"本身表达了图式中的"图形"部分，但是"背景"部分尚空缺，"雁"可以对"背景"部分进行填位映射。语言的使用者认为可以用"头和身体其他部位的位置关系"来刻画"一队大雁中排在第一位的大雁和整个雁队的位置关系"。我们用图 7-1 来进一步说明，其中 R 代表"关系"。

图 7-1　"头雁"的映射关系示意图

在图 7-1 中我们只画出了与当前分析相关的内容。我们用一条斜的直线旁边标上英文字母 R 来表示关系，"头"的输入空间中，实线小圆圈表示头，虚线椭圆表示身体其他部位。"雁"的输入空间中，则用实线小圆圈表示第一个大雁，用虚线小圆圈表示后面的大雁，它们排成一队。我们用实线把两个输入空间中的"关系"连接起来，表示他们有映射关系。"图形"和"背景"关系是这两字的跨空间映射的基础。

2. 对"图形"的填位映射

对"图形"的填位映射出现在以"容器图式"为框架的构词中。因为"容器图式"单字自身提供了"背景"。比如，在"蜂房"中，"房"是"背景"，"房"的概念在经历了"形无关""量无关""质无关"之后，成为可以表达"形状和结构类似房子的物体"。这时需要填位的是"图形"，"蜂"恰好可以作为"图形"出现在这一位置上。

7.1.2　对动作性单边框架的填位映射

1. 对"图形"的填位映射

"出""跑""走""跳"的语义框架中有一个元素是"图形"，即移动的物体，当"出"等和表示名物的单字结合时，这些单字充当了"图形"这个角色，是对"图形"的填位映射，如出头、出面、出气、出力、出血、出苗、出芽，出丑、出风头、出尖、出名、出缺、出典、出版、出岔子、出乱子、出毛病、出事、出险、出洋相、出榜、出价、出份子、出血、出资、出品；跑题、跑调，跑气、跑水、跑油、跑电；走人 1、走人 2、走车、走棋，走点，走味、走色、走形；跳脚、跳神、跳蚤、跳蛙、跳鼠、跳虱，跳伞。

下面以"出芽"为例进行具体分析（图 7-2）。

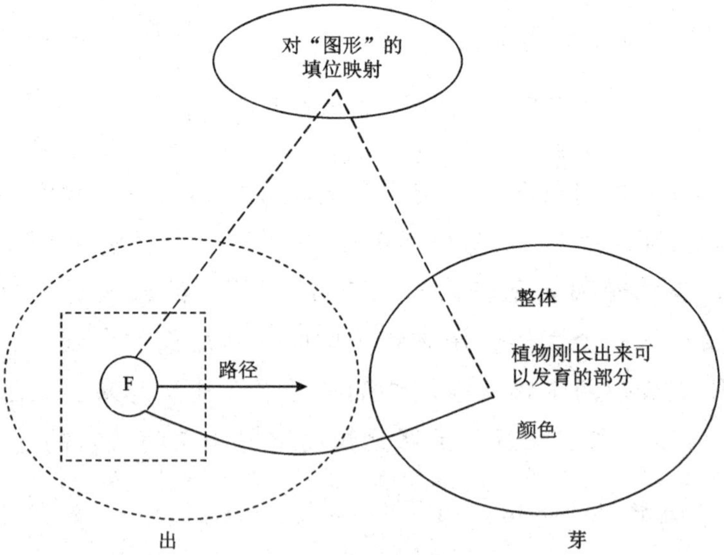

图 7-2　"出芽"的映射关系示意图

"出"的语义框架中有"图形""路径""起点""终点""背景"这些元素，"芽"的语义框架中有"植物刚长出来可以发育成茎、叶、花的部分"和"整体（具体植物）""颜色""时期""季节"及其他的元素，确立对应物的映射关系是完成语义整合的基础。两个输入空间中能够成为对应物的是"出"当中的"图形"这个位置和"芽"当中的"植物刚长出来可以发育成茎、叶、花的部分"这个元素，"图形"要由带有运动动能的实体（entity）来承担，而"植物刚长出来可以发育成茎、叶、花的部分"恰好具有带有运动动能之实体的性质，所以二者可以成为对应物，而且"植物刚长出来可以发育成茎、叶、花的部分"是对"图形"的填位映射，二者具有"元素填位"的映射关系。二者投射到类属空间，在类属空间有"填位映射图形"这样的模式，同类的词也按照这样的模式建立映射关系。

2. 对"背景"的填位映射

1）在"出"的语义框架中，有一个元素是"容器"，"容器"是一个背景，即背景 1，当"出"与名物性单字组合时，很多名物性单字充当了"容器"，是对"容器"的填位映射。例如：

　　　　a 出笼　出炉　出门　出栏　出圃　出院　出境　出界　出土
　　　　b 出厂　出国　出口
　　　　c 出列　出轨
　　　　d 出格　出圈　出号
　　　　e 出线　出局
　　　　f 出阁　出家　出山
　　　　g 出师　出徒
　　　　h 出色　出奇　出众
　　　　i 出伏　出九　出梅　出蛰　出月

"出"的语义框架中还有一个背景，即背景 2，容器的环境，有一些名物性单字在与"出"组合时充当了背景 2，是对背景 2 的填位映射。例如：

　　　　a 出场　出海　出世　出庭　出洋　出阵

b 出道　出台

c 出席

2）"跳""跨"的语义框架中也有"背景"，有一些名物性单字在与"跑"组合时填充"背景"，是对"背景"的填位映射，如跳墙、跳绳、跳马、跨海、跨河、跨江、跨街、跨界、跨境、跨栏、跨洋。

例如，"跳墙"的映射关系如图 7-3 所示。

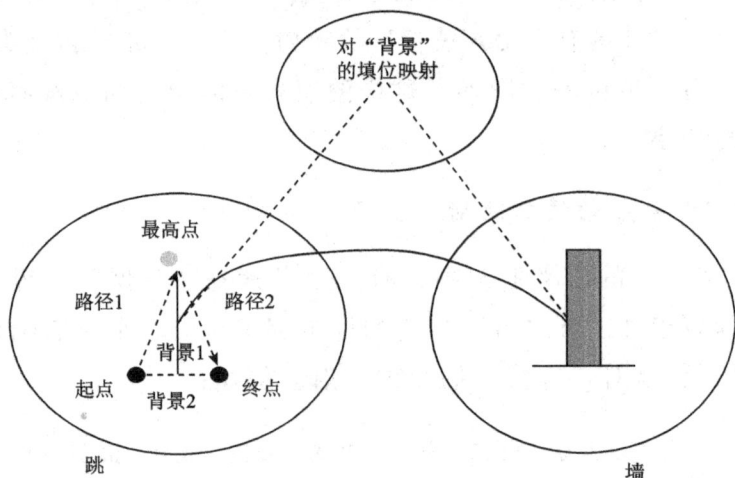

图 7-3　"跳墙"的映射关系示意图

图 7-3 分别用两个大圆圈表示两个字所处的输入空间，"跳"的图式中有图形、路径 1、路径 2、起点、最高点、终点、背景 1、背景 2 等，"墙"的元素有"质料（砖、石或土等）""功能（作屏障或外围）""有一定长度、横截面一般是高度大于宽度的矩形"等。这两个字所代表的输入空间中能够成为对应物的是"跳"的"背景 1"这个空位和"墙"的"横截面一般是高度大于宽度的矩形"这个元素，"背景 1"要求由具有一定高度的实体来承担，而后者恰好具有这一性质，所以二者可以成为对应物互相映射，映射关系是填位映射。二者投射到类属空间，在类属空间有"对背景的填位映射"这样的模式，同类的词也按照这样的模式建立映射关系。

3. 对"路径（起点）"的填位映射

"跳"的语义框架中，有一个元素是"路径的起点"，有一些名物性单字在与"跑"组合时充当了"路径的起点"，是对"路径的起点"的填位映射，如"跳船、跳窗、跳楼"。

例如，"跳楼"的映射关系如图 7-4 所示。

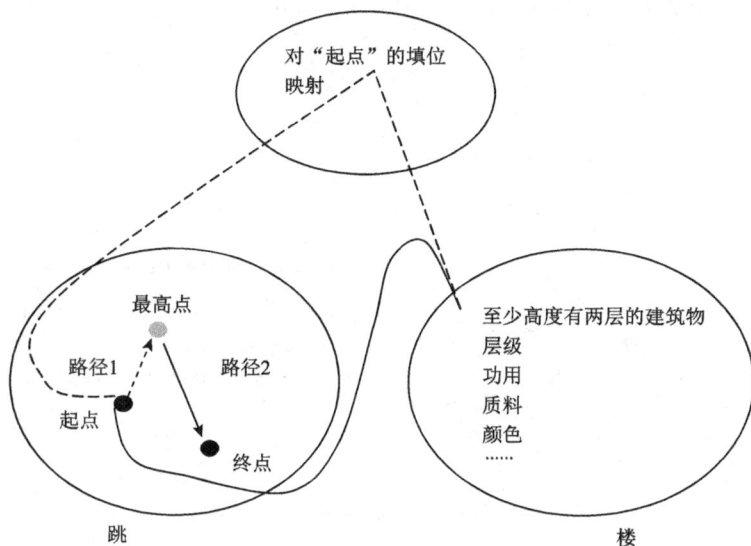

图 7-4　"跳楼"的映射关系示意图

图 7-4 分别用两个大圆圈表示两个字所处的输入空间，"跳"的语义框架中的元素有图形、路径 1、路径 2、起点、最高点、终点、背景 1、背景 2 等，"楼"的语义框架中的元素有"至少高度有两层的建筑物""层数""功用（饮食、照相等）""体积（大、小）""颜色""质料"等，其他的用省略号表示。这两个字所代表的输入空间中能够成为对应物的是"跳"的"起点"位置和"楼"的"至少高度有两层的建筑物"这个元素，"起点"要求由可以作为地点的实体来承担，而后者恰好具有这一性质，所以二者可以成为对应物互相映射，映射关系是"元素填位"关系。二者投射到类属空间，在类属空间有"对起点的填位映射"这样的模式，同类的词也按照这样的模式建立映射关系。

4. 对"终点"的填位映射

"跑""走""跳"的语义框架中,有一个元素是"路径的终点",有一些名物性单字在与"跑"组合时充当了"路径的终点",是对"路径的终点"的填位映射,如跑垒、跑位、跑官、跑活儿;走亲戚、走娘家;跳海、跳河、跳江、跳湖、跳水。

例如,"跳海"的映射关系如图 7-5 所示。

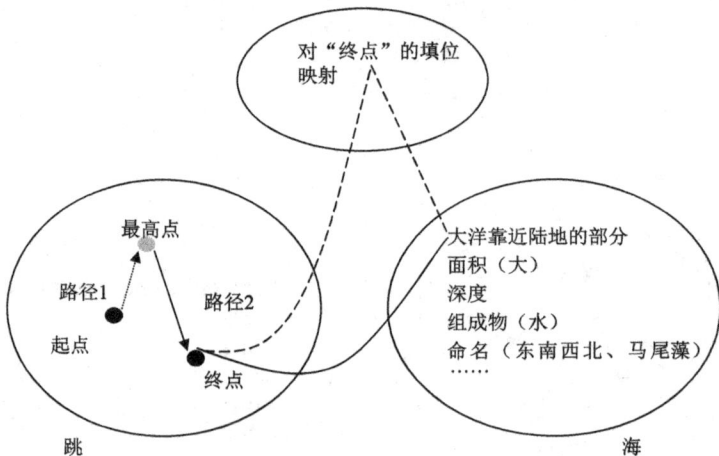

图 7-5　"跳海"的映射关系示意图

图 7-5 分别用两个大圆圈表示两个字所处的输入空间,"跳"的图式中有图形、路径 1、路径 2、起点、最高点、终点、背景(路标)1、背景 2 等,"海"的语义中的元素有"大洋靠近陆地的部分""面积(大)""深度(深或浅)""组成物(水)""命名(东南西北、马尾藻)"等,其他的用省略号表示。这两个字所代表的输入空间中能够成为对应物的是"跳"的"终点"位置和"海"的"大洋靠近陆地的部分"这个元素,"终点"位置要求由可以作为地点的实体来承担,而"大洋靠近陆地的部分"恰好具有这一性质,所以二者可以成为对应物互相映射,映射关系是"元素填位"关系。二者投射到类属空间,在类属空间有"对终点的填位映射"这样的模式,同类的词也按照这样的模式建立映射关系。

5. 对"起点"和"终点"同时进行填位映射

"跳""蹲"和"跨"的语义框架中都有"起点""终点"这样的元

素，有一些名物性单字同时对应于"起点"和"终点"，是对二者的填位映射，如跳槽，蹲班，跨村、跨国、跨街、跨省、跨区、跨市、跨系、跨乡、跨校、跨行、跨州、跨洲。

由于"跳"的空间图式中还有"经过点"这样的元素，在"跳班""跳级"这样的词中，"班"和"级"同时对应"起点""经过点""终点"。

例如，"跨村"的映射关系如图 7-6 所示。

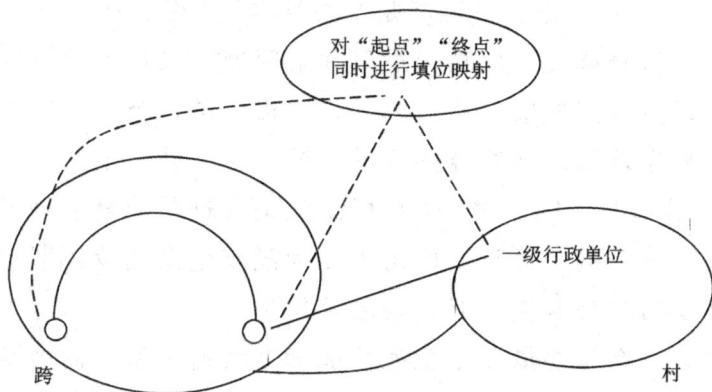

图 7-6　"跨村"的映射关系示意图

图 7-6 分别用两个大圆圈表示两个字所代表的输入空间。"跨"的图式中的元素有图形、路径、起点、终点等。"村"的语义中可以有"一级行政单位"这个元素。因为"起点""终点"都是地点，通过隐喻，"行政单位"可以被理解为空间中的"点"，所以它们可以成为对应物互相映射。因为"村"体现了"跨"里面的"起点""终点"这两个位置，所以它们的映射关系是"元素填充"映射。三者投射到类属空间，在类属空间有"对起点、终点同时进行填位映射"这样的模式，同类的词也按照这样的模式建立映射关系。

7.2　单边框架的关系或方向恒定

单边框架的恒定性有两层意思：一层意思是在空间域的空间关系上

的恒定性；另一层意思是在跨域引申中结构关系的恒定性，这也成为隐喻的基础。前面分析过的几个框架中，容器图式的"池、房、井、城"本身都是空间中的物体，当"图形"元素仍由现实空间中的物体充当时，这时的关系恒定仍然是在空间域。"走、跑、跳、跨、出"等动作，本来也是人在空间中的动作，当"图形"是人，且起点、终点、背景这些元素由空间中的具体地点或物体充当时，这时的路径仍然是在空间域。位置图式中的"头、心、口"等是身体部位，"根、果、枝、叶"等是植物部位，是从身体域、植物域投射到空间域，又从空间域投射到其他认知域。所以位置图式的"头、心、口、根、果、枝、叶"的关系恒定是通过隐喻来显现的。当容器图式的"池、房、井、城"的"图形"和"背景"都投射到非空间域时，关系恒定也是通过隐喻来显现的。当"走、跑、跳、跨、出"的"图形"的由人变为没有生命的物体时或"背景"由现实空间变为非现实空间时，隐喻就发生了。

单边框架，有时要借助于隐喻才能确立映射关系。而由空间关系代表的结构关系的恒定性，也为隐喻提供了基础。Lakoff（1990）提出了"不变性假说"（the invariance hypothesis），在隐喻映射中，源域的认知拓扑性（cognitive typology）保持不变。对名物性单边框架而言，是"图形"相对于"背景"的关系不变。对动作性单边框架而言，是"图形"相对于"背景"的运动路径方向不变。

7.2.1　名物性单边框架隐喻的关系恒定

下面以"头雁"（图 7-1）为例，具体分析一下名物性单边框架隐喻的关系恒定。

"头"的空间图式有"位于身体前面"这样的框架，"雁"的语义中有"结队飞行"这样的元素。这二者都具有线性的空间特征，而且都包含在"整体-部分"这样的关系之内，"一队大雁中排在第一位的大雁和整个雁队的关系就如同一个人头和身体的关系一样"，这种同一性反映在几个方面：首先，在空间关系上，"头"处于所在整体的一端，"第一个大雁"也处在所在整体的一端，其次，在逻辑关系上，"头"负责思考，"头"想去哪儿，身体的其余部分就会听从指挥，"第一个大雁"也起一个领头的作用，它去哪儿，别的大雁也会听从指挥。在图 7-7 中我们用带箭头的斜线来表示"关系"。所以在混成空间中"头"和"第一个雁"融合了"头雁"就成为"排在第一位的雁"，"身体"和"雁队"融合了，但二者处于未被激活的背景中。在对网络进行拆包（unpack）时，也就是从混成空间投射到输入空间时，因为"身体"和"雁队"已经融合了，它们可能会被共同投射回"头"的输入空间，这样"头"就获得了"位于队列前面"的新意思，一旦获得了这个新意思，"头"和"雁"甚至也可以像"互为元素"映射关系那样建立映射关系。映射和投射都是心理过程，具体到某一个词，不同人会有不同的直觉，但是我们的理论框架可以给它们以一致的解释。

位置图式单字是用表示"图形"的单字来指代"图形"与背景的关系。容器图式单字是用表示背景的单字来指代"图形"与背景的关系。位置图式中，"在前部""在中间部位""在尾部""在上部""在下部"等位置关系保持不变。容器图式中，"图形在容器内"的关系保持不变。

7.2.2　动作性单边框架隐喻的路径和方向恒定

前文对动作性单字空间图式的分析表明汉语动作性单字有隐喻用法，如"跑气""走调"等。前面讨论的"走""跑""跳""跨""出"在隐喻时图形和背景可以由不同的事物填充，但是动作方向不变。为了进一步理清这个问题，本书从最简单的转义入手，综合《现代汉语词典》《现代汉语规范字典》两部词典，从中选取有两个义项的动作性单字，对转义进行分析。包括上肢动作：担（dān）、钉（dìng）、掏、扼、盛（chéng）、搅（jiǎo）、扳、授、剖、刨、搏[1]、拧、炸（zhá）、埋，口部动作：答、吐（tù）、喂[2]、咽（yàn），全身动作：溺、溯。

这些动作性单字的隐喻有以下几种类型。

1）图形和动作方向投射

图形隐喻就是位移主体隐喻。比如，"扳"这个动作是使一头固定的东西移动方位，因为是一头固定，所以另一头只能在固定的一头的这侧或者另一侧，这样就形成了"来回往复"的特点，而体育比赛中双方时而这一方分高，时而另一方分高，也具有"来回往复"的特点，因此就投射到比赛域。再如，控³从人体部分的悬空转喻为"倒置"，又从"人体的口"投射为"瓶子的口"，从"使人大头朝下"投射到"让瓶子口儿朝下"。

"刨"这个动作是通过挖掘，除去一部分土，形成一个坑，或者让下面的东西露出来，"图形"是"挖掉的土"，动作方向是"向外除去"，投射到社会生活域，可以指"物体、时间"等，动作方向不变，就产生了"从原有事物中除去、扣除"的意思，如"刨去两个、刨去三天"，是他移动词。

2）图形、背景和动作方向投射

"溺"这个动作是指淹没在水里，水是动作发生的地点，是背景，图形是人的身体，动作的方向是图形沉浸于背景。投射于情感域时，图形变为"人的活动"，背景就是"某种活动"，图形和背景的关系保持不变，就有"沉迷不悟、过分"的意思。

盛（chéng）这个动作是指"把东西放在器具里"，"东西"一般是饭、水等，是对象，"器具"一般是碗、盘子、缸等，是背景，方向是对象进入背景，三者可以同时投射，当背景投射为"房间"时，对象也投射为可以直接放在房间里的东西，动作方向保持不变，这就产生了"容纳"的意思。

3）背景和动作方向投射

"搪¹"这个动作，背景是"风""刀"等具体事物，动作方向是"向外"，投射到社会域，对象可以是"工作、任务、指责"等，动作方向保持不变，仍为"向外"，故而产生"搪塞"的意思。

"溯"这个动作是逆流而上，水是动作发生的地点，是背景，"向上游"是动作的方向，二者同时投射到时间域、思想域，方向保持不变，就有"从现在向过去推求；回想"的意思。

结合前面对"出""走""跑""跳""跨"等多义项动作性单字空间图式的分析，可以发现，动作方向保持不变是动作性单字隐喻的核心。虽然动作性单字隐喻是借助于名物性单字完成的，但是与名物性单字隐喻表达功能、属性的相似不同，动作性单字隐喻表达的是关系的相似。
"关系"就是通过动作的路径和方向来表达的。无论在多义项动作性单
字还是在双义项动作性单字的隐喻中，路径都是必须投射的，方向一般
也是投射的，路径和方向表达了"图形""背景"之间的关系，这两个
名物性成分可以投射到不同的语域中，而动作的路径和方向也投射为它
们之间的关系，且与源域保持一致。

第 8 章   词义复合中混成空间的运作

从输入空间到中介空间的投射可以分为两种情况：对应物的投射和非对应物的投射。前面已经讨论了如何确定对应物和对应物的映射关系。对应物确立了映射关系后要投射到两个中介空间来，即类属空间和混成空间。类属空间就只有对应物，而混成空间则不同，除了对应物以外还有非对应物可以投射过来，此外混成空间还可以根据已有的元素进行新的推理，产生两个输入空间都不存在的语义内容。类属空间反映了组合的基本性质，它对其他三个空间有制约作用，因为它控制了对应物的映射关系。而混成空间则反映了组合的很多细节，语义的丰富性和词义的原生性在混成空间得以体现。

元素和关系到混成空间的投射也是概念整合中非常重要的一个步骤。在混成空间中，人的认知与经验世界互动，在结构关系之上又有新的关系进入。有对应物的元素都要投射到混成空间来，没有对应物的元素则有的投射到混成空间中来，有的不会投射过来。投射并非要一次完成，整个网络处在一个动态的、不断调整的过程中。

混成空间的推理和类属空间的映射关系共同解释了词义的理据性，而混成空间元素及关系所唤起的经验世界中的场景，则解释了词义的约定性。

8.1   对应物的投射

有对应物的元素会按照映射关系投射到一起，大部分元素会融合为一体，而有的元素则会一分为二，甚至一分为三。也就是说有对应物的元素投射到混成空间后，会有融合和分裂两种情况。

第 7 章分析的就是对应物的映射关系。也就是说第 7 章中的对应物都会投射。投射到混成空间后，大部分对应物是融合了，比如，"出芽"中的对应物，融合后两个元素就会合而为一，成为一个具有两方面特点的新元素。

也有一些对应物投射以后没有融合为一个，而是分裂为两个或三个元素，比如，"跳班"中的"班"分别对应于"起点""经过点""终点"，分别结合形成三个新元素。

8.2　非对应物的投射

除了对应物要进行投射以外，非对应物也要进行投射。哪些元素投射，哪些不投射，取决于经验中浮现出来的目标概念即原生性复合词义的需要。

比如，"竹根"中"竹"的其他元素可投射也可不投射。再比如，"跳楼"中"楼"的元素"功用""颜色""质料"不一定投射。"跳海"中，"海"的转喻性元素——"连成一片的很多同类事物""古代指外国来的"等都不能投射。

而"跨村"中，"跨"的"路径"是没有对应物的，但是"路径"必须投射，而且"路径"作为重要的结构关系在新形成的概念中起重要作用，如图 8-1 所示。

图 8-1 表示了"跨村"的概念整合的情况。"村"的语义中有两个元素——"村庄"和转喻的"粗俗"，"跨"中的"起点""终点"与"村庄"有映射关系，村庄可以理解成地点，可以是起点和终点的体现，在输入空间中只有一个"村"，在混成空间中，"村"变成两个，分别位于路径的两端。"跨"中的"路径"在"村"中并没有对应物，但是"路径"所表示的"连接两方"的意思是目标概念即复合词中的重要因素，所以根据目标概念的需要，它一定要投射。

投射与否取决于目标概念，即复合词原生词义的需要。

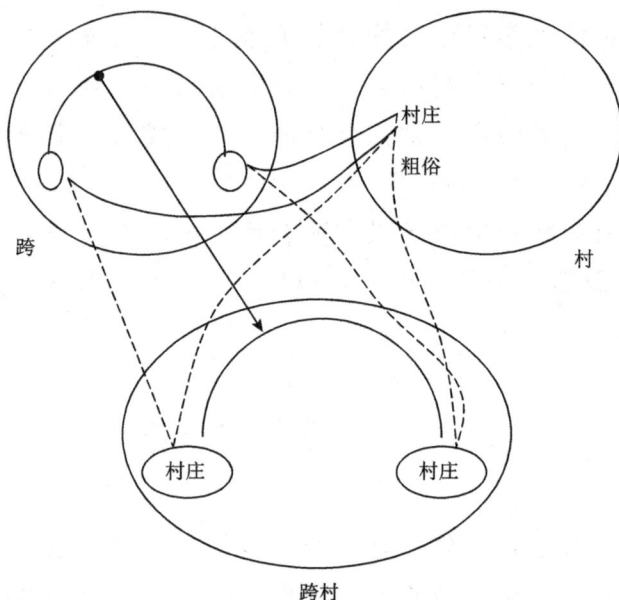

图 8-1 "跨村"的非对应物的投射示意图

8.3　新框架的形成

当对应物的映射、投射、非对应物投射这些步骤完成以后，混成空间就有了自己的元素，这些元素会形成新的框架，新框架的形成既受制于投射来的元素，也受制于目标概念，就是要创造的新概念。比如，"树池"这个概念中，它的形状有很多，至于它到底可能是什么形状——圆的、方的，这些完全来自经验。

再比如，"跳楼"，两个输入空间分别提供了，A "从起点经由某一点到终点的路径"和 B "一个至少两层高可以作为地点的建筑物"，对应关系是 B 对应 A 的起点。这些元素和空间图式投射到混成空间后，混成空间自动募集（recruit）大量背景概念结构和知识。最基本的募集类型是模式完成（pattern completion）。混成空间的元素和关系所唤起的情景（script）也可以称为"浮现结构"（emergent structure）。混成空间可以按照这个进行推理。当 A 和 B 投射到混成空间时，所唤起的常规情景就是

"从楼上跳下来，或摔成重伤或致死"，概念中的"死亡或重伤"这些内容不来自任何一个输入空间，而来自相应元素投射到混成空间后推理产生的，比如，"张国荣跳楼了"就意味着"自杀"。这是"跳楼"常规意义中的一部分。

推理是根据募集来的背景概念结构和知识来进行的。比如，儿童在初次接收到一些词汇时可能有错误的理解，原因就是缺乏背景知识。同理，也可以通过修改背景概念结构和知识来使词语获得新的意义。比如，创造一个新的上下文语境。这时会通过改变经验来获得新的推理，从而带来一定的艺术效果。比如，在姜昆和李文华的相声《祖爷爷的烦恼》中，在高科技的辅助下，"跳楼"是安全的，不会对生命造成威胁。相反，"跳楼"成为在人口极度膨胀、人们不得不住在一百多层的摩天大厦的情况下，以快速、安全、省电的方式离开住所的常规途径。这就是通过改变经验世界、改变规定情境而改变推理、改变词义。

"跳楼"在脑筋急转弯中还可能有别的意思，比如，"一个人从十八层跳楼，但是没摔死，为什么？"答案是"他从十八层的窗台上跳到了十八层的地面上"。这个意义的产生是因为改变了位移终点。在"跳楼"的规约意义中，"楼"是填充了"跳"的起点，投射到混成空间时，"楼"的终点是空缺的，把"楼"的终点定位成楼外面的地面，是混成空间的操作，是根据混成空间募集来的背景概念结构和知识而进行的操作。而脑筋急转弯正是利用了"楼"的终点的空缺改变了混成空间的推理，改变了对应关系，形成了脑筋急转弯的效果。

在新框架的形成过程中，"推理"是很重要的，"推理"是混成空间所具有的元素和图式所自然唤起的，这些元素和图式因为是分别从两个输入空间部分投射而来的，所以混成空间具有不同于任何一个已有的输入空间的元素和图式，而这种重新组合必然会唤起与输入空间不同的情景。

"跳楼"的规约意义和两种临时意义的分析，展示了概念整合理论强调意义存在于整个网络的理论特点，在概念整合过程中，输入空间的元素和图式、对应物的确立、对应物和非对应物的投射、投射到混成空间的元素和关系所唤起的浮现结构、混成空间的推理等任何一个环节的变化，都会引起整体意义的改变。

第 9 章　结　　语

　　本书从语汇、语音、文字等语言各层面结构关联的角度出发，将本书所研究的词限定为双音节韵律词，将词的构成成分定义为字。汉语中对空间认知的已有研究成果主要集中在句法上，比如介词、趋向补语、特殊句式、参照关系、位移事件及词化类型等方面取得了不少成果。但是在汉语中还有不少与空间认知相关的构词现象，本书对这些现象及其所反映的机制进行了探索。

　　与句法形成鲜明对照的是，双音韵律词只有两个位置，那么在虚词无法使用、语序手段单一的情况下，空间参照、空间位移等内容是如何表达的呢？在句法中起到结构组织作用的虚词，因为形成了成员数量有限的封闭集合，被称为"语言封闭类"，从封闭类入手，是与空间认知有关的句法分析带给我们的重要启示。

　　作为词语的构成成分的"字"也具有封闭的性质。现代汉语中，字的数量已经稳定下来，形成一个封闭的集合，而双音词的数量则不断变化，形成一个开放的集合。字和字组合成双音词，双音词的词义利用字义来建构，反过来又影响字义。这样的字词格局可以通过概念整合网络理论得到较好的理论阐释。

　　概念整合网络理论解释了概念的创新是如何产生的。在该理论的基本的四空间网络模型中，有两个输入空间，一个类属空间，另一个混成空间。输入空间有"元素"和"关系"。类属空间在两个输入空间的具有对应物关系的元素间建立映射关系，并将它们投射到混成空间合并成新的元素。此外，输入空间的"关系"可以直接投射到混成空间。新的元素和关系在混成空间通过募集背景知识进行推理而形成新的概念。混成空间的元素又可以投射回输入空间。

　　这个概念创新网络和汉语的字词格局相当吻合。其背后的机制就是概念的创新最低需要两个来源，而且有两个来源也就足够了。两个单字概念中的"元素"和"关系"可以分别进入两个输入空间。类属空间为两个单字概念（输入空间）中的"元素"建立映射关系（结构关系），投射到混成空间，合并成新元素。此外，单字概念中的"关系"可以直接投射到混成空间，和新元素一起推过推理而产生新的概念（双音词的词义）。本书将这一网络称为词的概念整合网络。

　　建立在两单字基础上（两输入空间）的混成空间的创新，不仅对创新者来说十分容易，对接受者来说，在语境的帮助下，也十分容易理解。

　　字义的扩展跟新词的产生是紧密相连的。混成空间通过推理而产生了新概念，这个新概念中的元素可以投射回输入空间，这也意味着字义的扩展。

　　字义和字义复合成词义的时候，不是字义的全部参与到词义中去，而是字义的某一部分（某些对于元素或结构的认知）参与到词义中去。这是非常重要的一个认识。词义建构的过程往往是先根据从经验中浮现的概念义（词义）确定整体词义的名或动等大类，然后是选字：从一个字中取这个字的字义的一部分内容，再从另一个字的字义中取一部分内容，二者按照新的关系组合，这时新的语义就产生了。

　　映射规则反映的是两个字概念的共有的结构，也即共有语义要素，两个字概念的共有语义要素及其结构决定列它们之间的映射。共有结构是有客观基础的认知的结果，是主客观结合的。

　　动、名、形等实义复合词，虽然有一些学者有过一些研究，但本书从概念网络系统的整体特点来研究，重点在词义复合中的认知过程。

　　与结构主义的构词法不同的是，词的概念整合网络区别了单字概念中的"元素"和"关系"。"元素"要在另一单字概念中找到对应物才能投射，而"关系"则不必。结构主义构词法中的结构关系反映的是对应物关系，而单字概念中的"关系"受到了忽视。

　　单字概念中的"关系"可能有很多种，具体到与空间认知有关的构词现象中，就是"空间图式"。空间图式理论与 Talmy 的意象图式、位移事件、词化类型等一系列理论一脉相承，只是更为抽象，融合了对几何因素和非几何因素的综合考量。空间图式理论是为了分析具有"语言封闭类"特点的语言单位的。但是汉语中有一部分实义单字也非常适合用该理论来分析。

空间图式理论的出发点是对场景进行"图形-背景"的切分。本书通过对单字所构成的全部双音词进行分析，为单字概念所表达的空间场景进行"图形-背景"切分，分析出了名物性单字中的静态的位置图式、容器图式，这些图式反映了图形相对于背景的静态关系。又分析出了动作性单字中的动态的路径图式，即图形相对于背景的位移关系。"空间图式"是"预包装"在这些单字概念中的"关系"，在组合中可以为新概念提供框架。因此，只有两个位置的双音词，或者利用单字概念中的"空间元素"的对应物关系，或者利用单字概念中的"空间图式"，形成了新概念（词义）的框架，在背景知识和推理的帮助下，实现了新概念的产生。

场景切分是空间认知的起点，是空间参照、空间位移的依据。与以往对动词方向的研究不同，本书把动作方向处理为图形相对于背景的位移方向，为融合了路径、图形、背景的方式动词的分析提出了具体的框架。

参 考 文 献

曹炜. 2001. 现代汉语词义学. 上海: 学林出版社.

陈保亚. 1999. 二十世纪中国语言学方法论(1898-1998). 济南: 山东教育出版社.

陈保亚. 2005. 再论平行周遍原则和不规则字组的判定. 汉语学习, (1): 9-13.

陈保亚. 2006. 论平行周遍原则与规则语素组的判定. 中国语文, (2): 99-108.

陈琼瓒. 1955. 修饰语和名词之间的"的"字的研究. 中国语文, (10).

崔希亮. 2002. 空间关系的类型学研究. 汉语学习, (1): 1-8.

崔希亮. 2004. 汉语介词与位移事件. 北京大学博士学位论文.

董秀芳. 2004. 汉语的词库与词法. 北京: 北京大学出版社.

范继淹. 1958. 形名组合间"的"字的语法作用. 中国语文, (5).

范素琴. 2010. 方位词"上"表征的空间图式及空间意义. 解放军外国语学院学报, (5): 12-17.

方经民. 1999. 论汉语空间方位参照认知过程中的基本策略. 中国语文, (1): 12-20.

方经民. 2002. 论汉语空间区域范畴的性质和类型. 世界汉语教学, (3): 37-48.

冯胜利. 1996. 论汉语的"韵律词". 中国社会科学, (1): 161-176.

符准青. 1981. 词义和构成词的语素义的关系. 辞书研究(1): 98-110.

古川裕. 2000. "跟"字的语义指向及其认知解释 —— 起点指向和终点指向之间的认知转换. 语言教学与研究, (3): 37-44.

郝美玲. 2003. 汉语儿童词素意识的发展. 北京师范大学博士学位论文.

何九盈, 王宁, 董琨. 2015. 辞源. 3 版. 北京: 商务印书馆.

纪云霞, 林书武. 2009. Levinson 工作小组"空间的语法"研究综观. 中国外语, (6): 48-54.

柯理思. 2016. 汉语位移事件的表达及其教学方面的几个问题. 北京: 国际中国语言学会第 24 届年会大会报告.

李学勤. 2012. 字源. 天津: 天津古籍出版社; 沈阳: 辽宁人民出版社.

李宇明. 1999. 空间在世界认知中的地位——语言与认知关系的考察. 湖北大学学报(哲学社会科学版), (3): 64-68.

梁源. 1999. 二字结构凝固度分级研究——兼论汉语词和非词的界限问题. 北京大学硕士学位论文.

刘丹青. 2001. 汉语中的框式介词. 当代语言学, (4): 241-253.

刘礼进. 2014. 汉语空间参照系和拓扑关系表达. 北京第二外国语学院学报, (10): 24-32.

刘宁生. 1994. 汉语怎样表达物体的空间关系. 中国语文, (3): 169-179.

刘宁生．1995．汉语偏正结构的认知基础及其在语序类型学上的意义．中国语文，(2): 81-89.

刘叔新．1985．汉语复合词内部形式的特点和类别．中国语文，(3).

刘叔新．1990a．复合词结构的词汇属性．中国语文，(4).

刘叔新．1990b．汉语描写词汇学．北京：商务印书馆．

陆志韦．1957/1964．汉语的构词法(修订本)．北京：科学出版社．

罗竹风．1998．汉语大词典(光盘版)．上海：大词典出版社

吕叔湘．1979．汉语里词的问题概述//吕叔湘．吕叔湘文集(第二卷)．1990．北京：商务印书馆．

齐沪扬．1998．位移句中 VP 的方向研究．载表毓林．郭锐主编《现代汉语配价语法研究》第二辑．北京大学出版社．

邱广君．1999．现代汉语动词的方向体系．中国语言学报，(9): 59-70.

任龙波．2014．论空间图式系统．西安外国语大学学报，(2): 31-35.

沈家煊．2003 现代汉语 "动补结构"的类型学考察．世界汉语教学，(3): 17-23.

沈家煊．2006．概念整合与浮现意义——在复旦大学"望道论坛"报告述要．修辞学习，(5): 1-4.

沈阳．1997．现代汉语复合词的动态类型——谈谈语言教学中的一种词汇/语法单位范畴．语言教学与研究，(2): 24-40.

石毓智．2004．汉语研究的类型学视野．南昌：江西教育出版社．

孙茂松等．2001．信息处理用现代汉语分词词表．语言文字应用，(4).

谭景春．2010．名名偏正结构的语义关系及其在词典释义中的作用．中国语文，(4): 342-384.

田薇．2016．概念隐喻与概念整合互补性研究——以反腐热词"打虎拍蝇"为例．中北大学学报(社会科学版)，(4): 105-109.

王洪君．1994．从字和字组看词和短语——也谈汉语中词的划分标准．中国语文，(2): 102-112.

王洪君．1998．从与自由短语的类比看"打拳"、"养伤"的内部结构．语文研究，(4): 1-11.

王洪君．1999．汉语非线性音系学．北京：北京大学出版社．

王洪君．2000a．汉语语法的基本单位与研究策略．语言教学与研究，(2): 10-18.

王洪君．2000b．汉语的韵律词与韵律短语．中国语文，(6): 525-536.

王洪君．2001a．单双音节、音域展敛(重音)与语法结构类型和成分次序．当代语言学，(4): 241-252.

王洪君．2001b．《信息处理用现代汉语分词词表》的内部构造和汉语的结构特点．语言文字应用，(4): 91-97.

王洪君．2005a．动物、身体两义场单字组构两字的结构模式．语言研究，(1): 1-11.

王洪君．2005b．动物、身体两义场单字及两字组转义模式比较．语文研究，(1): 4-8.

王洪君．2008．语言的层面与"字本位"的不同层面．语言教学与研究，(3): 1-11.

王洪君．2010．从两个同级义场代表单字的搭配异同看语义特征和语义层级——以"锅"和"碗"为例．世界汉语教学，(2): 147-157.

王力. 1985. 中国现代语法//王力. 王力文集(第一卷). 济南: 山东教育出版社.

王立. 2003. 汉语词的社会语言学研究. 北京: 商务印书馆.

王文斌. 2001. 论汉语"心"的空间隐喻的结构化. 解放军外国语学院学报, (1): 57-60.

王文斌. 2013. 论英语的时间性特质与汉语的空间性特质. 外语教学与研究, (2): 163-173.

王文斌. 2014. 汉语对行为动作的空间化表征——以"大/小+V"格式为例//潘文国. 英汉对比与翻译. 上海: 上海外语教育出版社.

王文斌. 2015. 从"形动结构"看行为动作在汉语中的空间化表征. 外语教学与研究, (6): 803-813.

王媛. 2008. 动词的方向性研究与趋向动词教学. 北京: 北京语言大学出版社.

王源庆. 2011. 基于数据库的双音合成词语义构词规则探究. 鲁东大学硕士学位论文.

维特根斯坦. 1992. 哲学研究. 汤潮, 范光棣译. 北京: 生活·读书·新知三联出版社.

吴为善. 2011. 认知语言学与汉语研究. 上海: 复旦大学出版社.

徐彩华, 李镗. 2001. 语义透明度影响儿童词汇学习的实验研究. 语言文字应用, (1): 53-59.

徐今. 2015. 汉语空间形容词的空间量. 汉语学报, (1): 13-18.

徐通锵. 1997. 语言论——语义型语言的结构原理和研究方法. 长春: 东北师范大学出版社.

徐通锵. 2007. 语言学是什么. 北京: 北京大学出版社.

杨梅. 2006. 现代汉语合成词构词研究. 南京师范大学博士学位论文.

叶蜚声, 徐通锵. 1981/2010. 语言学纲要(修订版). 北京: 北京大学出版社.

叶文曦. 1996. 汉语字组的语义结构. 北京大学博士学位论文.

袁毓林. 1997. 关于分词规范和规范词表的若干意见. 语言文字应用, (4): 110.

张丹. 2014. 网络热词"土豪"的认知语义. 山西师大学报(社会科学版), (5): 147-148.

张国宪. 2000. 现代汉语形容词的典型特征. 中国语文, (5): 447-458.

张克定. 2008. 空间关系及其语言表达的认知语言学阐释. 河南大学学报社会科学版, (1): 1-8.

张敏. 1998. 认知语言学与汉语名词短语. 北京: 中国社会科学出版社.

张念歆. 2015. 汉语形名复合词的语义建构: 基于物性结构与概念整合理论. 中文信息学报, (6): 38-45.

张旺熹. 2001. "把"字句的位移图式. 语言教学与研究, (3): 1-10.

章梦云, 江桂英. 2014. 动词"绕"基于意象图式的多义解析. 龙岩学院学报, (1): 63-69+80.

赵金铭. 1989. 《外国人基础汉语用字表》草创//汉语研究. 天津: 南开大学出版社.

赵元任. 1968. 中国话的文法//赵元任. 赵元任全集(第 1 卷). 丁邦新译. 北京: 商务印书馆.

中国社会科学院语言研究所词典编辑室. 2012. 现代汉语词典. 6 版. 北京: 商务印书馆.

周荐. 1991. 复合词词素间的意义结构关系//语言研究论丛·第六辑. 天津: 天津教育出版社.

周荐. 2003. 论词的构成. 结构和地位. 中国语文, (2): 148-155.

朱德熙. 1982. 语法讲义. 北京: 商务印书馆.

朱彦. 2004. 汉语复合词语义构词法研究. 北京: 北京大学出版社.

朱彦. 2010. 基于意象图式的动词"穿"的多义体系及意义连接机制. 语言科学, (5): 287-300.

朱彦. 2016. 意象图式与多义体系的范畴化——现代汉语动词"赶"的多义研究. 当代语言学, (1): 38-50.

朱志平. 2005. 汉语双音复合词属性研究. 北京: 北京大学出版社.

Croft, W. & Cruse, D. A. 2004. *Cognitive Linguistics*. Cambridge: Cambridge University Press.

Fauconnier, G. & Turner, M. 1998. Conceptual integration networks. *Cognitive Science*, 22, (2): 133-187.

Fauconnier, G. 1985/1994. *Mental Spaces: Aspects of Meaning Construction in Natural Language*. Cambridge: The MIT Press.

Fauconnier, G. 1997. *Mappings in Thought and Language*. Cambridge: Cambridge University Press.

Fillmore, C. J. 1982. Frame semantics. In the Linguistic Society of Korea(Ed.), *Linguistics in the Morning Calm*. Seoul: Hanshin Publishing Co.

Huang, C. T. J. 1984. Phrase structure, lexical integrity, and Chinese compounds. *JCLTA*, (May): 53-78.

Lakoff, G. 1987. *Women, Fire, and Dangerous Things*. Chicago: The University of Chicago Press.

Lakoff, G. 1990. The Invariance Hypothesis: is abstract reason based on image-schemas? *Cognitive Linguistics*, (1): 39-74.

Langacker, R. W. 1990. *Foundations of Cognitive Grammar* (Vol. I & Vol. II). Stanford: Stanford University Press.

Levinson, S. C. 1996. Language and space. *Annual Review of Anthropology*: 353-382.

Levinson, S. C. 2003. *Space in Language and Cognition: Explorations in Cognitive Diversity*. Cambridge: Cambridge University Press.

Levinson, S. C. & Evans, N. 2010. Time for a sea-change in linguistics: Response to comments on 'The myth of language universals'. *Lingua*, (12): 2733-2758.

Levinson, S. C. & Gray, R. D. 2012. Tools from evolutionary biology shed new light on the diversification of languages. *Trends in Cognitive Sciences*, (3): 167-173.

Levinson, S. C. & Meria, S. 2003. 'Nature Concepts' in the spatial topological domain-adpositional meanings in cross-linguistic perspective: An exercise in semantic typology. *Language*, (3): 485-516.

Levinson, S. C. & Wilkins, D. P. 2006. Patterns in the data: Toward a semantic typology of spatial description. In S. C. Levinson & D. P. Wilkins (Eds.), *Grammar* of Space: Explorations in Cognitive Diversity. Cambridge: Cambridge University Press. 513-552.

Li, C. N. & Thompson, S. A. 1981. *Mandarin Chinese: A Functional Reference Grammar*. Berkeley: University of California Press.

Packard, J. L. 2001. *The Morphology of Chinese*. Cambridge: Cambridge University Press.

Rosch, E. 1976. basic objects in natural categories. *Cognitive Psychology*, (8): 382-439.

Slobin, D. I. 2004. The many ways to search for a frog: Linguistic typology and the expression of motion *events In S. Str mqvist & L. Verhoeven. Relating Events in Narrative: Typological and Contextual Perspectives* (PP. 219-257). Mahwah, NJ: Lawrence Erlbaum Associates.

Talmy, L. 1983 How language structures space. In H. Pick & I. Acredolo(Eds). *Spatial Orientation: Theory, Research and Application*. New York: Plenum Press, 1983.

Talmy, L. 2000. *Toward a Cognitive Semantics*. Cambridge: The MIT Press.

Talmy, L. 2005. The fundamental system of spatial schemas in language. In B. Hamp(Ed.), *From Perception to Meaning: Image Schemas in Cognitive Linguistics*. Berlin/New York: Mouton de Gruyter.

Talmy, L. 2010. *Ten Lectures of Semantics*. Li Fuyin & GaoYuan (Eds.). Beijing: Foreign Language Teaching and Research Press.

Talmy, L. 2012. How language aims at a target: The cognitive system underlying deixis and anaphora. *Journal of Foreign languages*, (2): 2-12.

原博士论文后记

这篇文章反映了我从 2000 年春天到 2006 年春天这六年多关于字词关系所作的思考。

这段时间我一边在北京大学攻读博士学位，一边继续在北京语言大学进行教学工作。在教学中我不断发现学生在词汇学习和汉字学习上遇到的困难，这是因为我们在教学体系上把它们分开了，而且不仅分开，有时甚至对立起来。这种对立源自我们对语言基本单位的认识，即语言基本单位是分析出来的还是自然存在的。这种认识也直接影响了我们对语言和文字关系的看法。前一种认识从当今主流的西方逻辑的角度来说是合理的，是分析性哲学的一种必然要求，可是这种逻辑却忽视了汉语——这种与西方逻辑不太一致的语言——所固有的在语言基本单位上的和谐之美。我们在学习西方逻辑的分析性同时，不应忽略东方逻辑的综合性。

2002 年的一个秋天，我正在给一班来自十多个国家的留学生上初级汉语课，一名精通英、德、西、法四种语言、毕业于苏黎世大学的瑞士学生突然打断我的授课，满脸困惑地问我："中国人怎么造一个新词？当一个外来概念来到中国时，比如 internet 这样的概念来到中国时，中国人怎么办呢？"虽然他当时只学了一个多月汉语，但他已经体会到由于汉字不表音素，无法准确记录西方语言中的每一个音素，汉语一般不用复制 internet 的语音形式的办法来表达这个概念，这和他所熟知的语言之间的大量的互相借词的现象大不相同，这给他的汉语词汇学习造成了很大的困难。他告诉我，他在西方的大学学到的就是分析、分析、再分析的方法，可是这些训练对他学汉语毫无用处，虽然在学习其他语言上他所向披靡，可是汉语却让他充满了挫败感，而且挫败感主要来自词汇和汉字。满怀热情地开始，灰心丧气的结束，这是很多欧洲学生的写照。真的是汉语太难了吗？还是我们的教学方法有问题？

2000 年的秋天，我曾试用过白乐桑和张朋朋两位先生编著的教材《中国语言文字启蒙》的第一册，教学对象是一班美国学生，在那个学期，我很少听见"I'm frustrated"之类的抱怨。

正是这些和学生接触的经历及我和江新博士所共同进行的留学生字词习得的研究促使我不断思考汉语的字词关系。

一个非常有趣的现象是，我和我的同事，我们这些受过语言学专科教育的人，在写研究论文时，当然会用"语素"这个词，可是，当我们在课堂上，面对初级阶段的留学生时，无论是在指称音、义、形的任何一个方面时我们几乎都在说"字"，这又是为什么呢？我们的母语与西方语言的不同之处就在于，在单音节这个语音单位上完成了音义结合之后，这个结合体又形成了与文字单位的统一，虽然由于历史的原因有个别的不一致的现象，但不能因此否认大部分一致的现象。"字"这个称呼，不仅可以指音、义、形的任何一个方面，也可以指任何两个方面或者整体，这是多么方便啊！到底是哪一种做法反映了我们的潜意识，而我们为什么有这样的潜意识，难道不值得我们深思吗？

这些教学和研究工作跟我在北京大学的学习是同时进行的。初进燕园，扑面而来的是自由的学术空气和追求原创的学术精神。正像当时也在北京大学进修的曹炜先生所说的那样，常常是这个教室在批评某理论而隔壁教室在讲如何运用该理论。课堂上的气氛也是自由、活跃的，思想的交锋是常有的事，至今我眼前还常常浮现出几位先生站在讲台上听着学生批评自己的观点时那笑容可掬的模样。

上学伊始，我的导师王洪君先生就鼓励我们不要拘泥于某种方法、流派，而要"随便去听听"。几年间我有幸在北京大学修读了徐通锵先生的"语言学研究方法"，陆俭明先生的"语法分析"，陈保亚先生的"汉语语言学理论问题"，王洪君先生的"系统功能语法概论""历史语言学"和"生成音系学"，李娟先生的"西方语言学史"，以及由王洪君、陈保亚、李娟、董秀芳四位先生主持的"语言学前沿理论问题研究"。又旁听了蒋绍愚先生的"古汉语词汇"，王福堂先生的"汉语方言研究"，王理嘉先生的"汉语音系学"，沈炯先生的"实验语音学"，沈阳先生的"语义研究"，詹卫东先生的"计算语言学"等十几门课，在此期间又在北京语言大学旁听了方立先生的"逻辑语义学"，崔希亮先生的"认知语言学"等课程。这些课程使我大开眼界，受益匪浅。

决定做构词法是很早的事，也尝试过很多理论，但总是找不到兴奋点。2003 年的那个非典的春天，北京语言大学放假，学校空荡而安静，新修的教一楼明亮、宽敞，在那两个月里我正可以酣畅地阅读。我集中阅读了认知语言学的许多英文原著，其中尤以 Lakoff 的 *Women，Fire，and Dangerous Things* 令人陶醉。这本在出版当时荣登全美畅销书排行榜的语言学著作，笔触生动，深入浅出，引人入胜。从那时开始我深深被认知语言学的体验哲学的哲学理念所吸引，并决定从认知语言学的角度来研究汉语。很快，我看到了 Fauconnier 和 Turner 的"概念整合网络"理论，这个理论和汉语字词格局的诸多契合之处，让我决定用这一理论来研究汉语的构词法。

但是由于该理论本身过于宏大，加之又没有先例，把它运用于汉语构词法是一项充满挑战的工作，同时也是一个艰辛的历程。幸运的是，在王洪君先生的悉心指导下，我们终于初步实践了这一想法。我的体会是，与其说是运用该理论于汉语，倒不如说该理论像个理论孵化器，依靠对语言事实的深入挖掘，借助于该理论所提供的基本思路，我们可以形成一个新的理论。在论文的写作中，无论是对语料的选择，还是对语义类型的分析，还是对类属空间的深化，每一步都是在王洪君先生的具体指导下完成的，每有新的想法，我总是先和先生讨论，再付诸笔端，每遇到困难，我也总是要向先生讨教，整个论文就在和先生的不断讨论中一点一点完成了，论文的每一部分都凝聚着先生的智慧和辛劳。

王洪君先生不仅在学业上给予我全面的指导，在生活上也给予我很多关心。先生爱好广泛，却总能平和淡泊，她的从容、耐心、远见、睿智，无一不让人敬佩，从王洪君先生那里我看到了别样的精彩人生。在我经历人生风风雨雨的时候，我总是希望能有先生那样的品质！对先生的感激非言语所能表达。

在论文写作过程中，我得到了很多师长的帮助。徐通锵先生提醒我语言理论一定不能空泛，一定要通过对语言事实的挖掘来提出理论，复杂的现象往往是若干简单规律的叠加，研究要从简单的现象入手。陆俭明先生嘱咐我要研究"常用的字"，这样的研究才真正有助于教学。赵金铭先生告诉我"例子很重要"，要用最能说明问题的例子。崔希亮先生不仅在入学之初应我的请求在百忙之中为我写推荐信，还不断鼓励我、关心论文的进展，当我把对字的拓扑性的想法告诉他时，他鼓励我说"透亮了"。崔永华先生无私地为我提供语料，还把他做好标记和分类的语料库提供给我，虽然最后我没有用到这些，但这份无私让我非常感动。张博先生曾和我就论文选题和写作的诸多问题进行了非常有益的讨论。2002 年暑期端木三先生来北京讲学，从端木三先生那儿我明白了坚持于一种理论的必要性，他说坚持是为了发现问题，否则问题可能被回避掉了，坚持才能使研究深入。2004 年我去澳大利亚访学的时候，陈平先生和我就认知语言学的基本概念进行了讨论，使我解决了一些长期感到困惑的问题，还帮我在 LLBA 和 MLA 里查最新的资料，肯定了我从字的用法出发确定字义的想法，并提醒我从组配能力差的字入手，他说生成语法最大的贡献是发明了"＊"号（即不能说的话），从这些入手往往有助于发现规律。回想起这些点点滴滴，心中便无限温暖。

从论文开题到预答辩，导师组的袁毓林先生、郭锐先生、陈保亚先生、李娟先生都提出了很多具体、中肯的意见和建议。正是预答辩时袁毓林先生和郭锐先生的批评，才有了现在的前三章。论文的主要部分都曾在北京大学的讨论班上讲过，陈保亚先生的倾听和追问，使我的思考更加严谨，李娟先生提出如果结论能够扩大就不是循环论证，解除了我心中的疑虑。

董秀芳先生是在我进入北京大学那年开始在北京大学做博士后研究的，在讨论班上她常常给出独到的见解，论文初稿完成后，她提了不少中肯意见，使我深受启发。

朱彦博士跟我的研究方向接近，我们曾就构词法研究的一些问题进行过有益的交谈，她的博士论文出版后，她主动赠书，她的博士后出站报告也慷慨相赠。

在此，谨对诸位先生致以诚挚的谢意和崇高的敬意！

回想起我的学术之路，我的硕士导师孙维张先生是我的引路人，正是17年前我刚上大学一年级时他讲授的"语言学概论"让我对语言学产生了浓厚的兴趣，此后，我跟随孙维张先生完成了硕士学业，又是在孙维张先生的鼓励下，我开始了在北京大学的博士之旅。孙维张先生和师母陈启彤先生一直非常关心我的博士论文写作和我的生活，二位先生是我一生的良师益友！

感谢我的诸位学友，刘现强师兄、张新华师兄、王晶师姐、张和友师兄、徐晶凝师姐、曾立英师姐、郑素英师姐、裴雨来师弟、田赟宗师弟、宋作艳师妹、邱立坤师弟，还有在北京大学访学的王立教授，我们互通讯息，互相启发。在讨论班上很多我还不知道名字的同学们，他们是论文很多章节的最早读者，正是他们的批评使论文更完善。我的同事兼同学臧青副教授和曹文副教授，入学前我们曾经共同备考，入学后面对学业和工作的双重压力，我们互相鼓励，共同作战。

感谢我在北京语言大学的同事们，感谢所有关心和爱护我的朋友们！

感谢我的父母和我的先生，没有他们的支持，完成这篇论文是不可想象的事。

跋

这本书稿是在我博士论文的基础上经过大规模修改而写成的。主要是把研究内容集中到原来博士论文中最让我感兴趣的空间认知这部分。题目也从《现代汉语二字复合词的语义建构研究》改成了《基于空间认知的构词法研究》。

这次修改起源于未名湖畔和我的同门师友董秀芳教授的一次长谈，正是秀芳教授所提的问题让我有了更深入的思考。因此，我下定决心，做这次艰难的修改。

在修改过程中，我的导师王洪君教授给了我很多有益的建议。本书的主旨也曾在北京大学中国语言文学系纪念徐通锵先生逝世十周年纪念会上做过报告，与会的诸位老师和师友也提出了很多宝贵的建议和意见。同时，这次修改也从我的博士论文的答辩专家和审稿专家沈家煊教授、方梅教授、谭景春教授、周荐教授、陈保亚教授、李娟教授、董秀芳教授的建议和意见中受益良多。

在论文修改过程中，我也曾就部分问题请教过我的同事和领导崔健教授、崔希亮教授、张旺熹教授、张博教授，感谢诸位师长的不吝赐教！

书稿初稿完成后，我的师姐徐晶凝教授也给了我了很多宝贵的建议。

在此，谨对诸位先生致以诚挚的谢意和崇高的敬意！

本书还有很多不足，希望在今后的研究中加以完善。

感谢北京语言大学青年学者文库对本书稿的出版资助。感谢董秀芳教授、邢红兵教授、崔健教授为这本书稿写推荐意见。感谢北京语言大学青年学者文库校外匿名审稿专家对本书出版的支持和对本书提出的审稿意见。感谢北京语言大学科研处聂丹处长和王秋生副处长对青年学者文库出版事宜的大力推进。

最后，还要感谢科学出版社对本书出版的大力支持！